다음 세대를 생각하는
인문교양 시리즈

아우름 21

MACHIGATTATTE IIJANAIKA by Tsuyoshi Mori

Copyright ⓒ Aio Nakatsuka, 1988
All rights reserved.
Original Japanese Paperback Edition published by Chikumashobo Ltd.
Korean translation copyright ⓒ 2017 by SAMTOH Publishing co., Ltd.
This Korean edition published by arrangement with Chikumashobo Ltd., Tokyo, through
HonnoKizuna, Inc., Tokyo, and BC Agency.

틀려도
좋지 않은가

괴짜 수학자가 제안하는 지그재그 인생론

모리 츠요시 지음 | 박재현 옮김

샘터

지그재그로 한눈팔며
내 방식대로

내게도 기억이 있습니다만, 여러 가지가 위태롭게 얽혀 있는 길보다는 딱 한 방향으로 향한다고 결론 내려진 길이 상쾌하게 느껴집니다. 특히 소년기를 끝내려는 불안정한 시기에는, 더욱 그런 기분이 들지요.

그러나 인간이 살아간다는 것은 본디 까다롭고 위태로운 일입니다. 이것은 특별히 세상물정에 밝은 어른으로서 하는 말이 아닙니다. 세상물정에 밝은 어른이란, 까다롭고 복잡한 인간사를 헤쳐 나가기 위한 기술을 익힌 것일 뿐으로, 그것은 어쩌면 단순한 일입니다.

까다롭고 위태로운 상황에 대처하기 위해서는 무엇보다 정신이 유연해야 합니다. 그리고 정신이 유연해질 수 있는 가장 큰 가능성은 젊음에 있습니다. 그런 젊음이 걸핏하면 까다롭고 위태로운 현실을 회피하는 방향으로 향하는 것은 참으로 애석한 일이 아닐 수 없습니다. 요즘 세상이 까칠한 탓인지, 목적을 향해 단순히 곧바로 나아가기를 바라는 풍조가 있습니다. 아니, 그런 풍조가 세상을 까칠하게 만든다고 할 수 있습니다.

예컨대, 돈을 지불하고 물건을 구매하는 장면을 생각해 보지요. 옛날에는 정가가 분명히 정해져 있지 않아서 점원과 이런저런 세상 이야기를 나누다가 슬며시 흥정을 하고는 했습니다. 이런 방식은 생각하기에 따라서는 너무도 능률적이지 않습니다. 게다가 흥정이 잘 되면 싸게 살 수 있지만, 잘못하면 비싸게 사게 될지도 모릅니다. 마치 한 판 게임을 치르듯 소비자와 판매자는 한시도 마음을 놓을 수 없습니다.

지금은 정가가 매겨져 있어 슈퍼마켓의 계산대에서나 점원이 필요합니다. 때로는 무인 자동판매기에서 물건을 사기도 합니다. 버튼을 누르면서 세상 이야기를 나눌 수는 없지요. 그래도 돈을 내면 원하는 물건을 손에 넣을 수 있다는 것만큼은 분명합니다. 하지만 왠지 공허합니다.

요즘은 학교에서 소풍을 갈 때도 오로지 목적지를 향하여 서둘러 간다는 말을 들었습니다. 꽃이나 나비를 감상하거나 풍경을 바라보거나 때때로 샛길을 걸어 보지도 않고 오로지 목적지로 향합니다. 코스가 이미 정해져 있기에 '헤매는' 즐거움을 빼앗기고 맙니다. 그렇게 서둘러 목적지에 다다르면 목표를 달성했다는 만족감은 있겠지만, 어딘지 공허한 마음이 들고 '아아, 지쳤다'며 남은 시간을 주체하지 못합니다. 옛날 아이들은 어른들에게 혼이 나면서도 한눈을 팔았습니다. 지금은 교통사고의 위험도 있어 한눈팔지 않고 학교를 오간다는 목적만을 중시하게 되었습니다.

시대에 뒤처진다는 비난을 각오하고 말하자면, 나는 한눈팔기를 즐기는 가운데 목적지에 다다르는 것을 좋아합니다. 시장에 수다를 떨러 가고 그 김에 장보는 것을 좋아합니다. 목적 이외의 사소한 일을 즐기고 그 결과 목적을 이루는 것이 좋습니다. 학교에 가는 목적은 공부를 하기 위해서이지 교우관계를 배우기 위해서가 아닙니다. 그러나 원래 목적과 달리, 친구와 대화를 즐기기 위하여 학교에 가고 그 김에 공부도 합니다. 그 편이 공부도 즐겁게 할 수 있을 것 같습니다.

　　공부하기 싫다는 사람도 많겠지만, 사실 공부 자체만을 목표로 삼는다면 그것은 교우관계를 맺는 것보다 쉽고 단순합니다. 상대의 기분을 생각하거나 오가는 대화에 일일이 신경 쓰는 일은 매우 까다롭고 복잡합니다. 그보다는 공부 쪽이 훨씬 단순하지요. 그런데도

이처럼 단순한 공부는 싫어하면서 까다롭고 복잡한 교우관계는 귀찮아하면서도 상당히 즐깁니다. 아무래도 공부는 너무 단순하여 즐길 마음이 생기지 않고, 즐겁지 않기에 싫어지고, 싫기에 못하게 되고, 못하기에 또 싫어지는…… 이런 면도 있지 않을까요?

그래서 나는 목적을 향하여 일직선으로 곧장 나아가기보다는 목적지에 다다르는 것이 다소 늦어지더라도 적당히 샛길로 들어가 보고, 그렇게 한눈팔기를 즐기는 가운데 결과적으로 목적지에 다다르는 것이 더 즐거운 일이고 자신에게 이득이 된다고 여깁니다. 목적지에 다다르는 코스가 짧은 것보다, 도중에 여러 가지 까다롭고 복잡한 에피소드가 있는 여정이 더 즐거울 테니 말입니다.

매사에 너무 단호해서는 안 됩니다. 삶의 여정에서 복잡하고 까다로운 일들을 없애려고 하면 즐거움도 함께 줄 테고, 그러면 결국 자신에게도 손해가 아닐까요. 길을 헤매면서도 길을 잃지 않으려면 여러 가지 성가시게 신경 쓸 일도 있겠지요. 그러나 그 자체가 즐거움이 될 수 있습니다. 목적을 달성하는 즐거움보다 오히려 더 깊은 즐거움을 맛보게 될 것입니다.

모리 츠요시

| 차 례 |

강함을 추구하는 시대에는

무언가 외부를 향해 반짝반짝 빛나는 것에 끌립니다.

지금 그런 것이 보이지 않는다 해도 나쁘지 않습니다.

지금은 바보스러운 인간끼리 마음을 주고받기에 좋은 시대입니다.

1장.

잡스러워지기를
권함

부디
바보가 되세요

지금 이 책을 읽는 여러분은, 자신이 '바보'나 '멍청이'라는 말과는 무관하다고 생각할 테지요. 그럼에도 나는 바보 같은 사람을 위하여 이 글을 씁니다.

과거 나는 시험을 치를 때는 요령 있게 굴었지만, 군사교련이나 체육 같은 과목에서는 매우 바보 같았습니다. 그리고 전쟁을 겪은 세대이기에, 그런 점에서 바보, 멍청이라며 극심한 박해를 받았습니다. 물론 시험에서도 교련에서도 요령 있게 행동한 친구도 있었습니다. 그런데 가까이서 보면, 뜻밖에 이성 관계에서 바보처럼 굴었지요. 그래서 나는 인간이라면 대개 어느 부분에는 바보 같은 구석이

틀려도 좋지 않은가

있다고 믿게 되었습니다.

만일 무슨 일이든 잘하는 사람이 있다면 틀림없이 꺼림칙할 것입니다. 그리고 그렇게 뭐든 잘하는 것 자체가 '인간적'이라는 면에서는 조금 모자란 팔푼이로, 그 역시 일종의 바보라고 말할 수도 있겠지요. 그래서 나는 모든 인간은 어딘가 바보 같은 데가 있다고 생각합니다. 그리고 대개는 그 바보 같은 부분에 다소 호감이 갑니다. 그것이 그 사람의 '애교'가 되기도 하지요. 극단적으로 말하면, 바보 같은 구석이야말로 그 사람의 본질이나 근원과 맞닿아 있다고 할 수 있습니다.

그러나 본인 자신은 그러한 부분을 부끄럽게 생각합니다. 괴롭힘을 당하는 것도 대개는 그러한 바보 같은 점 때문이기에, 가능하면 그것을 없애려고 합니다. 그런데 괴롭힘에서 벗어나기 위해 바보 같은 부분을 없애려고 하면 할수록 괴롭히는 상대는 더 큰 재미를 맛봅니다. 바보일지라도 아무 일 없다는 듯 태연히 있으면 괴롭히는 사람이 더 바보 같아져 괴롭히는 것을 그만두게 됩니다.

오히려 바람직하지 않은 것은 자신의 바보 같은 부분을 감추는 것입니다. 바보 같은 면이 없는 듯 보이려는 가운데 억지스러운 모습이 나오고, 바로 그 모습이 괴롭히기에 좋은 먹잇감이 됩니다. 따라서 인간의 밑바닥에는 누구나 바보 같은 데가 있다는 태도를 가지는 것이 좋습니다.

분명 바보 같은 면이 있다면 부끄럽겠지요. 그것 때문에 타인에게 무시당하거나 미움을 받을 수도 있습니다. 그처럼 꺼려지는 부분을 감추려는 것이 우리 인간의 마음입니다. 하지만 그런 생각에 주눅 들기 시작하면 한도 끝도 없습니다. 비록 바보에다 이상한 사람이지만 그것이 생각에 따라서는 좋은 점이 될 수 있는 것, 그런 것이 바로 '마음의 교류'입니다. 누구나 마음 어딘가에 바보스러움을 간직하고 있다는 것을 이해하지 못하면 서로 마음을 나누기 어려운 법이지요.

인간의 존재 방식에 절대적으로 좋은 것도, 절대적으로 나쁜 것도 없습니다. 선과 악은 반드시 뒤죽박죽 뒤섞여 있습니다. 좋은 점만을 이야기하는 것은 표면적인 교류일 뿐입니다. '그 사람은 바보 같고 밉살맞은 점도 있지만, 그것이 그 사람다움이며 나름의 장점'이라고 인정하는 관계에는 '깊이'가 있습니다. 누군가에 대해 '바보 같지만 그래서 좋다'고 말하는 것을 들으면 운치가 느껴집니다.

분명 인간은 바보스러움을 벗어던지려고 합니다. 그것이 '향상'이라는 것이지요. 그럼에도 어딘가에서 늘 바보 같은 게 우리 인간입니다.

'친절'이라는 것도 인간의 밑바닥에 있는 바보 같은 구석에서 나오는 것입니다. 강자가 약자를 위로하는 것만이 친절은 아닙니다. 바보가 아니라는 특권을 가지고 바보스러운 사람을 위로하는 것은 친절에 포함되지 않습니다. 인간이 공통적으로 지닌 유약함을 공유하는 것이 친절입니다.

인간은 바보스러운 데다 약하고 외로움을 잘 탑니다. 연대라고 해도, 고독에서 기인하지 않은 연대는 덧없습니다. 제각기 바보스러운 면을 지니고 마음속에 외로움을 간직한 채로 공통된 부분에서 서로 마음을 주고받는 것이 친절이라는 것이지요. 강함을 추구하는 시대에는 무언가 외부를 향해 반짝반짝 빛나는 것에 끌립니다. 지금 그런 것이 보이지 않는다 해도 나쁘지 않습니다. 지금은 바보스러운 인간끼리 마음을 주고받기에 좋은 시대입니다.

이런 시대에 바보 같은 사람이 괴롭힘의 대상이 되는 것은 매우 슬픈 일입니다. '향상'을 목표로 한 나머지 이런 사태를 초래하는 것이기에 더욱 안타깝습니다. 우리 인간에겐 역시 바보 같은 데가 있다, 거기서 출발하기를 바랍니다.

괘씸하다고
말하기 전에

.

어느 중학교에 가보니, 교실 벽면에 '청소를 게을리하지 말 것'이라
고 적힌 종이가 붙어 있었습니다. 결국 게으름을 피우는 사람이 있
으면 다른 사람에게 부담이 된다는 것이겠지요. 나는 그것을 보고
묘한 기분이 들었습니다. 왠지 호들갑스럽게 느껴졌습니다. 한편에
서는 '일하는 즐거움!'을 이야기합니다.

　게으름을 전혀 용납하지 않는 학급이라니……, 왠지 오싹합니
다. 실은 때때로 슬렁슬렁 게으름을 피우는 사람이 몇 명쯤 있는 것
이 오히려 학급 분위기를 좋게 만듭니다. 가능하다면 학생들이 번갈
아 가면서 게으름을 피우면 좋겠지요. 자신이 게으름을 피우지 않을

때, 땡땡이치는 사람의 몫까지 더 일해야 한다고 생각하기보다는 조만간 자신도 땡땡이를 치게 될 거라 생각하는 것이 심리적인 여유를 안겨 줍니다. 실제로 게으름을 피울 기회가 오지 않더라도 그런 마음으로 생활하는 것이 유쾌하기에 결국 자신에게 이로운 일이지요.

실제로 게으름을 피우는 소수의 사람 때문에 나머지 사람들이 짊어지는 부담은 대단하지 않습니다. '저 녀석은 땡땡이를 치는데 나만 일하는 것은 큰 손해'라고 생각하기에 게으름을 피우는 사람이 늘어나는 것이고 결국 수습할 수 없는 지경에 이르는 것이지요. 그 때문에 한번 게으름을 끌어안은 사람이 다음에도 다른 게으름을 떠안는 일이 반복되는 것입니다.

물론 일하는 사람과 게으름을 피우는 사람은 언제 어디서나 생깁니다. '그것은 불공평하다!'고 눈에 쌍심지를 켜는 것보다는 서로 기분 좋게 지내는 것이 아마도 좋은 학급이겠지요. 공평함만을 생각하고 서로 거북해하는 것보다는 훨씬 좋은 분위기일 것입니다.

누군가에게 '괘씸하다'고 말할 때, 자신이 실제로 얼마나 손해를 입었는지를 살펴보면 대단찮은 경우가 많습니다. 정말로 손해를 입었을 때는 '괘씸하다'고 불평할 새도 없이 그 손해를 만회할 방책을 먼저 생각하는 법입니다. 그래서 '괘씸하다', '발칙하다'고 말하는 사람은 대개 참견꾼이기 쉽습니다. 자신이 입은 직접적인 피해를 호소하는 것이 아니라 '다 같이 일할 때 게으름을 피워서는 안 된다'는 원칙을 강요하는 것이지요. 그러니 결국 남이 아닌, 자기 자신이 문제인 셈입니다. 앞서 든 사례로 말하자면, 정말로 큰 손해를 입어서가 아니라 학급 모두가 평등하게 일하지 않으면 안 된다는 생각을 가지고 있기 때문에 게으름 피우는 행동을 용서할 수 없는 것입니다. 왜냐하면 그것은 자신의 생각에 반하기 때문이지요.

과거 많은 사람들이 국가를 위해 일했습니다. 당시 사람들은 '국가보다 자신을 더 중시하는 것'은 국민의 도리가 아니라고 말했습니다. 반 친구들이 청소에 열중하고 있을 때 게으름을 피우는 사람이 존재하는 것, 그 자체를 용납할 수 없는 것이지요. 그러나 나는 학급의 모든 학생이 청소에 열중하기보다 한두 명은 그 일에서 등을 돌리고 있어야 학급 분위기가 균형을 유지한다고 생각합니다. 이단異端을 끌어안는 것, 그것은 집단에 무엇보다 필요한 일입니다.

학급의 대다수 학생이 어느 한 방향으로 향하고 있을 때 거기서 등 돌린 사람이 있다는 것은 매우 중요합니다. 다른 방향도 있다는 것을 일깨워 주어 한 방향으로 몰려가는 것에 제동을 거는 매우 중요한 역할이지요. 따라서 조금도 괘씸한 일이 아닙니다.

자신과 다른 생각을 가진 타인이 있다는 것은 매우 귀중합니다. 사람들이 한 가지 생각을 갖게 되면 거기에 지나치게 몰입하기 때문에, 그것을 해체하기 위해서는 다른 생각을 가진 사람이 있는 것이 좋습니다.

　　　　　　　　　　　　　　　　　　　틀려도 좋지 않은가

이 사실을 청소년기에 깨닫는 것이 좋습니다. 나름 자신의 생각이 생기기 시작하면 그것과 다른 생각을 가진 타인의 존재를 용납하는 것이 쉽지 않습니다. 중학생 무렵이 되면, 자신과 다른 의견을 가진 타인이 존재한다는 것을 인식하게 되지요. 따라서 이 시기에는 괘씸하다고 말하기에 앞서 다른 생각을 가진 사람이 엄연히 존재한다는 사실을 먼저 이해하는 것이 중요합니다.

고만고만한 사람들이 모여 서로를 위로하는 것은 친절이 될 수 없습니다. 자신과 다른 사람, 자신의 생각과 다른 생각 사이에서 서로 마음을 주고받는 게 친절이니까요. 따라서 이단을 끌어안지 않은 채 친절을 말하는 것은 괴이합니다.

실제 역사에도 '친절한' 마음을 가진 사람이 자신의 친구 이외의 사람에게 잔학하게 행동했던 사례는 얼마든지 있습니다. '우리끼리'가 아니라 '우리라는 범주에서 불거져 나온 사람'과 서로 마음을 주고받는 가운데 친절이 있습니다.

자신의 기준에 어긋난다는 이유로 '괘씸하다'고 말하지 마세요. 오히려 기준에서 어긋난 것도 받아들이는 곳, 단일 기준을 가진 곳보다는 까다롭고 복잡해도 그런 곳에서 살아가세요.

친절의
시대

'친절과 배려의 시대'라고 합니다. 이 말에서 나는 어떤 야유 같은 것이 느껴져 왠지 마음에 걸립니다. 친절을 추구하는 사회 분위기에 대한 반작용으로 '터프함'을 요구하는 목소리가 나올 수 있기 때문입니다.

사람은 웬일인지 터프함을 동경하는 습성이 있습니다. 친절의 세계를 갑갑하게 여기고 뚫고 나가려고 합니다. 바야흐로 그런 것을 원하는 사람이 많아지고 모두 한 방향으로 일제히 나아가기 시작하면, 특별히 시류를 따를 마음이 없어도 자연스럽게 이끌려가기 쉽습니다. 그리고 큰 흐름 속에 있으면 어떤 안정감을 얻게 되고 그 열기가 충실감 같은 것을 가져오지요.

'인간이 이성理性으로 판단한다면 늘 옳은 길을 걸을 것이다.'

많은 사람이 흔히 이런 생각을 하지만, 너무도 안이한 생각입니다. 적어도, 역사 속에서는 그렇지 않았습니다. 인간은 현재 자신이 속한 곳의 분위기에 따라 행동할 바를 결정하는 존재입니다. 무리를 지어 서로 감정을 고조시키고, 그곳에 속해 있다는 소속감은 자신의 존재감을 분명하게 만들어 줍니다.

특별히 강요받지 않아도 자신이 나아갈 방향에 대한 판단은 이렇듯 자신이 속한 집단의 논리에 따르게 됩니다. 게다가 오로지 친절을 이야기하는 세계 속에서 오랫동안 지내다 보면 터프함으로 방향을 돌려 흘러가기 십상입니다. 그 첫걸음에 용기가 필요할 것 같지만, 그저 '용기'라는 말이 가지는 감각만으로도 행보에 힘을 보탭니다.

그에 비하면, 친절의 세계에서 살아가는 것은 오히려 몹시 긴장되는 일이지요. 그것은 서로의 감정을 살피는 일이고, 게다가 그 감정이라는 것은 때때로 복잡하게 얽히고설키기 때문입니다. 우리는 그 감정의 매듭을 풀며 살아가야만 하지요. 그보다는 터프함을 동경하며 한 방향으로 달려가는 것이 홀가분합니다. 그래서 친절의 시대에는 때때로 터프함에 대한 유혹이 있게 마련입니다.

그러나 지금 시대에 터프함을 향해 달려가는 것만큼은 말리고 싶습니다. 참을성을 발휘해야 합니다. 그런 참을성이 사라졌을 때 파시즘은 찾아옵니다. 여기서는 파시즘을, '집단의 의사가 자신의 그 것을 대신하는 것' 정도로 생각하지요. '집단이 생각하듯이 나도 생 각한다'는 것은 거짓말이지만, 그런 식으로 자신을 속이면 안심하고 지낼 수 있습니다. 사람은 타인을 속이기 위해서는 여러 가지 수단 을 필요로 하지만, 자기 자신을 속이는 일은 아주 간단히 해치웁니 다. 반면 자신이 속지 않도록 끊임없이 지켜보는 것은 몹시 긴장이 뒤따르는 일입니다.

요즘 아이들을 보고 '자기밖에 생각하지 않는다'고 말하는 사람 이 있습니다. 하지만 자신만을 생각하는 것은 사실 대단히 피곤한 일이지요. 오히려 자신에 대하여 생각할 기회를 지금 우리 사회가 빼앗고 있다는 것이 진실일 것입니다. 따라서 나는 여러분이 자기 자신에 대하여 진지하게 생각해 보기를 바랍니다.

'자기 자신에 대해 생각하고 자신을 소중히 여기는 것은 나쁘다' 는 식으로 말하기도 하지만, 자신에 대해 진지하게 생각하고 진심으 로 자신을 소중히 여기는 것은 인간으로서 그 무엇과도 바꿀 수 없 는 중요한 일입니다.

진정으로 자신을 소중히 여기는 사람은 결코 타인을 함부로 대 하지 않습니다. 타인을 함부로 대하면 결국 자신에게도 손해가 미치 기 때문이지요. 진심으로 자신을 소중히 여기는 사람은 자신이 몸담

틀려도 좋지 않은가

고 있는 사회를 업신여기지 않습니다. 왜냐하면 자신이 바로 그 사회에 속해 있고, 그 사실을 무시하고서는 살아갈 수 없기 때문이지요. 그렇게 사람들이 제각각 자기 자신을 소중히 여기며 살아가는 세계, 그것이 바람직한 친절의 세계일 것입니다.

경쟁 사회에도 마음은 흐른다

지금 세상엔 경쟁하는 일이 많습니다. 그리고 일시적으로 승자와 패자를 낳습니다. 그러나 승자가 패자에게 위로의 손길을 내미는 것은 친절이라고 할 수 없습니다. 오히려 굳이 말하자면, '이기느라 고생 많았다'며 — 이것이 패자의 억지라면 다른 얘기가 되겠지만 — 패자가 승자에게 보내는 눈빛이, 승패를 넘어 인간끼리 통하는 그 마음이 친절이라고 부르기에 적합합니다.

'지다니 분하다!' 이렇듯 패배에 분해하는 것이 인간의 일반적이고 공통된 마음이라고 말하는 사람도 있습니다. 그러나 그런 마음만 있는 것은 아닙니다. 동서고금의 승부사를 주인공으로 하는 이야기에서는 그렇지 않습니다. 만일 승부사가 승패에 일일이 분해한다면 스트레스로 건강을 해칠지도 모릅니다. 인간은 꽤나 잘 만들어져 있어서, 나아가려는 욕구가 강한 사람에게는 약간의 바보스러움이라는 제동장치가 장착되어 있습니다. 그래서 나아가려는 욕구 앞에서 망설이게 하고 그렇게 균형이 유지됩니다.

그래서 나는 이 세상이 약육강식의 경쟁 세계라고는 생각하지 않습니다. 우리는 각자 자신의 드라마 속에 살면서, 때로는 안달하고 때로는 주저하며 인생 전체를 만들어 갑니다. 만일 인생이 경쟁 뿐이라면 세상을 떠날 때 이제껏 무엇 때문에 그렇게 싸웠는지 허무할 테지요. 때때로 벌어지는 싸움은 드라마 속 한 장면에 지나지 않습니다. 그리고 그 아래에는 인간으로서 지니는 '마음'이 있습니다.

학교에서는 점수의 우열로 '우등생'과 '열등생'이 생겨납니다. 그러나 그 양쪽의 마음마저 다를 리 없습니다. 내가 다니던 고등학교에는 저조한 성적 탓으로 낙제한 친구도 있고, 조직폭력배와 알고 지내던 친구도 있어 참으로 다양했습니다. 그리고 그 친구들은 매우 재미있었습니다. 나는 우등생은 아니었지만, 우등생은 물론 열등생과도 마음을 주고받았습니다.

이런 점에서 요즘 학생들을 보면 조금 걱정이 됩니다. 우등생과 열등생 사이에 마음을 주고받는 일이 어려워졌습니다. 우등생은 열등생의 마음을 이해하지 못하고, 열등생은 우등생의 마음을 알지 못한다니 실로 위험한 일입니다.

'저 친구는 우리와 다르다.' 그런 생각은 이윽고 상대를 인간으로 인정하지 않는 데까지 이르기 쉽습니다. 거기서 차별은 시작됩니다. 극단적인 예로, 전쟁이라는 사태로까지 번진다면 우리와 다르기에 죽여도 상관없다는 결론에 이르고 맙니다.

분명 인간은 다양하고 각기 처한 상황이 다르기에 타인의 마음을 다 헤아리지는 못합니다. 어떤 의미에서는, 타인의 마음은 결코 알 수 없다고 할 수 있습니다. 그러나 특정한 그룹으로 구분하고 '우리와 다르다'고 생각하면 거기서 차별은 시작됩니다.

타인의 마음을 이해하는 것이 불가능하다 해도 상대의 마음을 이해할 수 있다고 믿는 것, 결코 마음의 교류를 단념하지 않는 것, 그것이 인간의 친절입니다. 불가능하지만 그래도 그것을 믿음으로써 인간 사회는 성립합니다.

생각해 보면, 인간은 자신에 대해서도 잘 알지 못합니다. 타인의 마음을 이해하지 못하는 것 이상으로 자신의 마음을 이해하지 못합니다. 인간의 유약함, 무상함, 외로움…… 그러한 것들이 얽히고설켜 있습니다. 그러한 자신의 마음을 응시하는 가운데, 인간에 대한 친절이 생겨납니다.

싸우는 세상 아래로 인간에 대한 연민과 친절만은 꿋꿋이 존재합니다. 거기로 시선을 두세요. 싸우는 중에는 잊어버리기 일쑤지만 그 점에서만큼은 인간은 서로 다르지 않습니다.

우리는
잡목림에 산다

우리 인간은 참으로 다양합니다. 얼굴 생김새도 다르고, 사고방식도 제각기 다릅니다. 꽃은 다양한 색을 띠고, 벌레도 각양각색의 형태를 갖고 있습니다. 이 다양한 것들이 복잡하게 얽혀서 세상을 만듭니다. 좀 더 단순해도 좋을 텐데, 하나하나 제각기 다른 모습으로 눈에 들어옵니다.

그 점에서, 나는 잡목이 우거진 산을 좋아합니다. 거기에는 굽이굽이 산길이 굽어져 있고 새로운 놀라움과 위험이 있습니다. 옻이 오르고, 가시에 찔리고, 때로는 살모사가 있을지 모릅니다. 생각지도 못한 벌레나 희귀한 꽃이 풀숲 그늘에 숨어 있을지도 모릅니다.

옛날부터 산사람은 잡목림을 매우 소중히 여겼습니다. 어부도 갯바위가 울퉁불퉁한 해변을 소중히 생각했지요. 그곳에서는 마을에서 올라온 사람과 산에서 내려온 동물이 뒤섞였습니다. 소위 자연의 논리와 인간의 논리가 교차하는 장소였지요.

지금은 삼나무 숲이 증가하고 있습니다. 그곳에는 인간의 논리만이 존재합니다. 아름답게 관리되어 똑같은 형태의 삼나무만이 규칙적으로 심겨 있습니다. 전망 좋고, 그 가운데로 난 오솔길은 곧아 위험도 놀라움도 없습니다. 그렇게 몇 년이 지나면 나무는 벌채되어 분명한 이익을 낳겠지요. 미래를 설계하고, 그것을 위해 현재가 관리됩니다.

지금의 학교는 서서히 삼나무 숲처럼 되어 가고 있습니다. 위험과 놀라움이 배제되고, 전망이 좋아지고, 관리와 계획이라는 인간의 논리만이 활개를 칩니다. 그러나 인간은 역시 삼나무 숲에 살기보다는 잡목림에 사는 게 좋습니다. 다양한 꽃과 각양각색의 벌레와 만나는 게 좋습니다. 옻도 있고, 가시나무도 있기에 잡목림이지요. 삼나무만 있는 것이 아니라 떡갈나무도 있고 등나무도 있습니다.

그래서 나는 개인적으로 제복이라는 것도 좋아하지 않습니다. 하다못해 대중예술인 라인 댄스나 〈백조의 호수〉의 군무조차도 내키지 않습니다. 그래 봤자 고작 제복으로, 그것을 걸친 사람들의 표정은 각기 다릅니다. 그러나 외형이 같으면 성장해 가는 모습까지 같아 보입니다.

삼나무가 오로지 위를 향해 곧장 자라는 것만을 생각하여 땅딸막하지만 속이 꽉 찬 떡갈나무의 마음이나 배배 꼬인 등나무의 마음을 보지 못할까 봐 걱정이 됩니다. 떡갈나무도 등나무도 산의 흙 속에 뿌리를 박고서 무성히 잎을 피워 냅니다. 땅속에서는 두더지가 굴을 파고 수많은 벌레가 꿈틀거리고 균사를 뻗습니다. 나무들은 거기에 뿌리를 뻗어 얽히고설켜 살아갑니다. 목재에만 관심이 있는 사람의 눈에는 하늘을 향해 자라는 줄기밖에 보이지 않지만, 뿌리가 썩으면 나무는 살 수 없습니다. 중요한 부분은 오히려 흙 아래에 있지요.

이렇게 생겨난 잡목림에는 옻도 있고 가시나무도 있습니다. 가을에는 단풍으로 물들고 봄에는 꽃을 피웁니다. 산은 하나의 생명으로, 거기서 나무가 벌채되어 산주山主에게 얼마만큼 이익을 가져다줄지는 산이 알 바 없지요. 세상이 산주를 위해 존재할 리 없습니다.

옻도 가시나무도 계절마다 다채롭고 풍요롭게 살아갑니다. 그것이 생명의 세계이기도 할 것입니다. 계획과 관리로 정할 수 있는 것이 아닙니다. 곧게 뻗은 나무든 굽은 나무든 땅 아래 뿌리는 서로 얽히고설켜 있습니다. 땅속을 생각하지 않을 때, 삼나무는 저희끼리 곧게 자라며 땅에 대한 마음을 잊게 됩니다.

학교가 제아무리 삼나무 숲처럼 되어 가도 그곳에 있는 여러분

틀려도 좋지 않은가

의 얼굴은 제각기 다르고 생각도 다릅니다. 교복이나 갖가지 기준으로 구분 지으려 해도 결국 이웃 학교의 학생들과 같은 땅에 살고 있습니다. 곧은 당신도 굽은 당신도 땅 아래서는 이리저리 뿌리를 뻗어 얽히고설켜 있지요. 그리고 때로는 꽃이 핍니다. 게다가 봄에 피는 꽃도 있고, 가을에 피는 꽃도 있습니다. 다가가다 가시에 찔리기도 하고 옻이 오르기도 합니다. 그런 곳이 인간 사회이지요.

길도 곧게 뻗은 곳보다 굽어진 곳에 놀라움과 위험이 기다립니다. 시야가 트여 있지 않기에 미리 내다볼 수 없습니다. 바로 그것이 재미있지요.

'자립'이라는 것은
무슨 일이든 스스로 처리하는 것이라고만 생각하기 쉽습니다.
그러나 진정한 자립이란 자기 혼자서 처리할지, 선생님이나 부모님
혹은 타인을 의지할지를 스스로 판단하는 데 있습니다.
관계를 맺을 때는 믿는 것과 믿지 않는 것, 양쪽 모두 필요합니다.

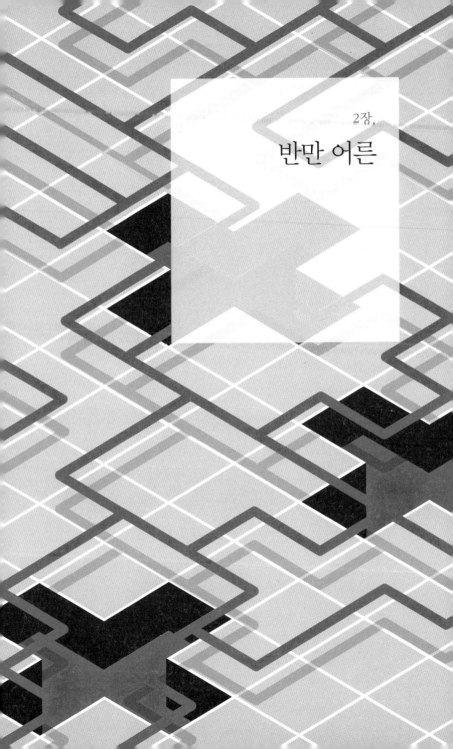

2장.

반만 어른

좋은 선생님,
싫은 선생님

중학생 무렵에는 어떤 교과목을 좋아할지 싫어할지가 순전히 선생님에 따라 좌우되는 경우가 많습니다. 1학년 때 수학 선생님이 좋아 수학을 좋아했다가도 2학년이 되어 선생님이 싫어지면 따라서 그 과목도 싫어집니다. 이 경우는 그나마 낫습니다. 1학년 때는 싫었는데 2학년이 되어 선생님 때문에 그 과목이 좋아지면 난감하지요. 그러니 선생님에 좌우되지 않고 순전히 내용 때문에 그 과목을 좋아하는 것이 좋습니다. 그러나 역시 선생님과의 궁합을 과목과의 궁합보다 앞세우는 것이 중학생 무렵이지요.

　어른이 되면 그래서는 안 됩니다. '인간은 밉지만 하는 말은 옳다'는 식으로, 인간과 내용을 구분하지 않으면 살아갈 수 없습니다. 인간 자체에 대한 '좋고 싫음'으로 내용을 판단해서는 안 됩니다. 아무리 좋아하는 사람이 한 말이라도 내용에 대한 판단은 스스로 하지 않으면 안 됩니다. 나중에 속았다고 불평해 봤자 책임은 상대를 믿은 자신에게 있습니다.

그러나 그 전까지, 다양한 인간과 자신의 궁합이 좋은지 나쁜지를 알아 가는 시기가 있습니다. 인간에 대한 관심은 거기서 비롯됩니다. 선생님은 무조건 신뢰해야만 한다는 게 아니라, 선생님도 육신을 가진 인간으로서 생각도 각양각색이고 자신과 궁합이 좋기도 하고 나쁘기도 하다는 것입니다. 즉 선생님을 한 인간으로서 보는 것입니다.

인간에게는 반드시 좋은 점이 있는가 하면 나쁜 점도 있습니다. 무조건 존경하는 것이 아니라 나쁜 점은 경멸하고 더불어 좋은 점을 찾아내는 것이 어른이 되어 가는 과정이자, 인간과 인간의 관계일 것입니다. 신뢰, 존중이라는 것은 그처럼 인간 대 인간의 관계 위에 성립합니다.

인간은 단순히 '좋다/싫다'로 양분해 버리기에는 너무 복잡합니다. 하지만 '좋다/싫다'는 것이 가장 먼저 상대를 인간으로 보는 시작이기도 합니다. 따라서 중학교 시절에 좋아하는 선생님과 싫어하는 선생님이 생기는 것은 당연합니다. 좋아했던 상대가 싫어지거나 싫었던 상대가 좋아지거나, 그런 인간 드라마의 시작이 '좋다/싫다'는 마음입니다.

그러니 모든 선생님을 좋아해야 한다는 말은 억지입니다. 그런 말로 자신의 감정을 억지로 누를 수는 없습니다. 모두에게 인기 있는 선생님이라는 이유만으로 좋아하지도 않으면서 그런 척하거나, 실은 좋아하면서도 싫어하는 척할 필요는 없습니다. 인간에 대해 좋고 싫은 감정을 가지는 것은 여하튼 나쁜 게 아닙니다. 조금 심술처럼 인기 없는 선생님을 혼자 좋아하는 것도 나쁘지 않습니다. 선생님이 학생을 편애하는 것은 이상하지만, 반대로 학생이 선생님을 편애하는 것은 괜찮습니다. 이것을 두고 곡해하는 선생님이 있다면 조금 미안한 일이지만요.

그러나 선생님이 싫다고 그 선생님이 가르치는 과목까지 싫어하는 것은 자신에게 손해입니다. 물론 다소는 어쩔 수 없는 측면도 있지만, 가능하면 선생님이 싫은 것과 그 과목이 싫은 것을 구분하는 것이 좋습니다.

한편 의외로 중학생도 점점 어른에 가까워지고 있습니다. 선생님이라는 인간 자체가 싫어지면 멀리하게 되고 그만큼 그 선생님이 가르치는 과목도 싫어집니다. 그런데 여기서 좀 더 나아가 그런 선생님이 가르치는 그 과목이 가엾다고 생각해 보는 것은 어떨까요? 싫어하는 선생님한테서 그 과목을 구해야 한다는 마음을 가져 보는 것은요? 여러분 인생에서 수학 선생님보다 수학이 중요하고, 영어 선생님보다 영어가 중요하니까요. 싫어하는 선생님 때문에 굳이 그 과목까지 미워할 이유는 없지요.

본디 인간은 희한한 존재라서 싫어도 '좋다'고 생각하고 보면 의외로 좋은 점이 보이는 법이지요. 싫어하는 선생님의 수업이라면 그 선생님이 주연으로 등장하는 희극 한 편을 감상한다는 마음으로 바라보세요. '연세도 드신 분이 참 고생하시네'라는 생각이 들고 그 사람의 이면이 보입니다. 아무런 노력도 없이 그저 싫다고만 하는 것은 자신이 얼마나 얄팍한 인간인지를 말하는 것입니다.

부모 자식이라는
타인

그나마 선생님은 애당초 타인이라 낫습니다. 가장 복잡한 것은 부모와 자식 간의 문제이지요. 부모는 '남'이라고 딱 잘라서 말할 수 없는 관계입니다. 그러나 남인 것만큼은 틀림없는 사실입니다. 그 사실이 중학생 무렵부터 서서히 보입니다. 부모 자식 관계는 꽤 굴절되기 쉽습니다.

인간에게는 부모 자식, 부부, 동료처럼 도저히 인연을 끊을 수 없는, 때로는 옥신각신 다투면서도 계속 이어가지 않으면 안 되는 관계가 있습니다. 생각에 따라서는, 그런 분쟁이 엮어 내는 드라마가 인생일 것입니다.

그때그때 부모 자식보다 연인이나 친구 관계가 우위에 서기도 합니다. 그래도 죽을 때까지 이어지는 복잡한 관계로 부모 자식 사이만 한 것도 없을 것입니다. 아주 어릴 적에는 거의 타인이 아닐 만큼 단단히 밀착되어 있습니다. 그러던 것이 중학생 무렵부터 부모에게서 독립하고, 부모도 아이에게서 분리되기 시작하며 여러 가지 굴절이 일어납니다.

예컨대, 부모가 가진 어떤 일면이 볼썽사나워 보입니다. 처음부터 생판 남이라는 생각에서 바라보면 그런 정도는 아닌데, 어설프게 '타인이 아닌' 관계이다 보니 견딜 수 없을 만큼 밉습니다. 때로는 그런 꼴 보기 싫은 면이 마치 자신을 보는 것 같아서 자신을 증오하는 대신 부모를 증오하기도 합니다.

이런 일은 평소에 너무도 일상적으로 일어납니다. 오히려 부모 자식이 이상하게 사이가 좋다면 걱정입니다. 대개 부모로부터의 독립과 자식과의 분리가 순조로우면 '상대는 남'이라고 쉽게 인식할 것 같지만 현실에서는 생각처럼 간단하지 않습니다. 따라서 부모에게서 독립하고 자식에게서 분리되는 일은 매우 어려운 문제입니다. 어느 한쪽이 아무리 잘해도 상호 관계의 문제인 만큼 삐걱거리기 쉽습니다.

일반적으로 중학생 무렵이 되면 절반은 어른이기에 그즈음부터 어른과의 관계가 시작됩니다. 선생님은 같은 어른이라도 좀 더 특별하고, 그에 비해 옆집 아줌마나 가게 아저씨는 보통 어른입니다. 그리고 그런 어른들을 바라보던 아이의 눈이 달라집니다. 가장 먼저 눈에 들어오는 것은 역시 부모입니다. 그런데 골치 아프게도 부모는 자신이 어릴 적에는 타인이 아니었습니다. 이런 '타인이 아닌 듯한' 어른을 타인으로 보게 되는 관계가 문제입니다.

옛날에는 효도라는 사회적 규범이나 지금까지 키워 준 은혜, 효자의 미담 등, 그런 것을 대놓고 요구했기 때문에 부모로부터의 독립이나 자식과의 분리가 가슴속 세계에서만 진행되었습니다. 그러나 최근 그런 명분들이 완전히 퇴색했습니다. 그리고 부모로부터의 독립과 자식으로부터의 분리라는 어려운 관계만이 고스란히 남게 되었습니다.

참으로 어려운 시대입니다. 옛 시대에 성장한 부모보다 그나마 젊은 여러분이 이 어려움에 잘 맞설 수 있습니다. 부모들 시대에 가졌던 명분을 지금 시대에 끄집어내는 것이 얼마나 어려운지를 이해하는 것만으로도 여러분은 유리합니다. 대개 인간관계의 문제에서는 우위에 있는 사람이 잘 이끌어 가야 합니다. 비록 나이는 어리지만 부모 자식 관계를 이끌어 가는 것은 여러분입니다. 여러분은 부모가 자신과는 다른 인격이라는 사실을 보다 빨리 인식할 수 있기 때문이지요.

그 시기엔 부모의 보기 싫은 면을 확대시켜 심각하게 생각하기 쉽겠지만, 우위에 있는 여러분이 그 사태를 냉정히 보고 관계를 이끌어 가야 합니다. 지금까지 부모에게 이끌려 왔지만, 아직 충분히 어른이 되지 않았지만, 관계를 이끌어 가야 합니다. 불만스러울지 모르지만 여러분이 우위에 있기에 어쩔 수 없습니다.

'부모를 부모로 생각하지 마라.' 이 말은 주로 나쁜 의미로 사용됩니다. 겉으로 드러낼 수는 없어도 마음속으로 한 번은 부모를 자신과 무관한 타인으로 관찰해 보는 것은 어떨까요? 배은망덕하게 느껴지지만, 진정한 애정은 상대를 한 번은 객관적으로 보았을 때 생깁니다. 특히 부모는 애초 끈끈하게 밀착되어 있던 관계이니만큼 한 번은 바로잡는 시기를 가지는 것이 좋습니다. 그러면 이상하게 굴절되었던 생각도 조금은 방향을 잡지 않을까요?

어른을
믿을 것인가
말 것인가

옛날에는 아이들만의 세계가 있었습니다. 어른들이 알 수 없는 비밀이 거기에 있었지요. 또 어른에게는 어른의 세계가 있고, 거기에는 아이들은 알 수 없는 비밀이 있었습니다. 그리고 양자는 그것을 암묵적으로 양해했습니다.

지금은 어른과 아이 사이가 훤히 보입니다. 서로에게 무엇이든 이야기하지 않으면 안 된다고 여깁니다. 이것은 조금 이상한 일입니다. 중학생에게는 중학생만의 세계가 있고, 그것은 선생님에게 보이지 않습니다. 선생님에게는 선생님의 세계가 있고, 그것은 학생에게 보이지 않지요. 이것이 자연스러운 일입니다. 그런데 서로

틀려도 좋지 않은가

가 무엇이든 이야기하고 무엇이든 보여 줄 작정이기에 오히려 거짓말이 이어집니다. 그리고 양극단으로 쉽게 흔들립니다. 뭐든 선생님에게 말하는 방향과 뭐든 선생님에게 숨기는 방향으로 말이지요. 양극단 사이를 오가는 경향은 점점 강해집니다.

선생님의 세계와 학생의 세계는 다르고, 하나부터 열까지 죄다 보여 줘야 하는 것은 아닙니다. 부모 자식도 마찬가지입니다. 그러나 서로의 영역에 있는 어느 부분은 마땅히 인정해야 합니다. 한 번 분리되면 그 상태 그대로 영원히 분리되어 있을 것이라는 생각은 극단적입니다.

그렇다고 자신들의 세계를 굳게 걸어 잠그고 어른의 개입을 배제하는 것도 극단적입니다. 일반적으로 자기 집단을 폐쇄하는 것은 어떤 관계에서도 좋지 않습니다. 자신이 속한 집단 밖의 상대와 관계를 맺지 않는다면 그 집단은 정상적인 상태가 아닙니다. 집단이 외부 세계에 담을 쌓으려는 것은, 사실 외부 세계를 그만큼 신경 쓰고 있는 것이기도 합니다. 그런 때에 이상한 고집이 생기기도 합니다.

'뭐든 선생님에게 이야기하자.' '뭐든 부모에게 이야기하자.' 그것 역시 좋지 않습니다. 선생님이나 부모가 아니라 중학생 또래끼리 생각하지 않으면 안 될 문제는 많습니다. 물론 혼자서는 해결할 수 없는 일도 있습니다.

내가 본 대학생도 교수에게 무엇이든 죄다 이야기하고, 무슨 문제이든 분명한 지시를 요구합니다. 기묘하리만치 '착한 아이'에 그저 말문이 막힐 따름입니다. 자신이 조정해 나가는 방법을 중학생 시절부터 배우지 않았기 때문에 곤란한 상황이 된 것이지요.

단, 이것이 어른에게 아무것도 말하지 말라는 의미는 아닙니다. 오히려 무엇을 말하고 무엇을 말하지 않을지, 그것을 스스로 판단해 가는 것이 중요합니다. 무엇이든 이야기하자거나 무엇이든 말하지 말자거나, 둘 중 하나를 선택하는 문제라면 너무도 단순하겠지요.

'자립'이라는 것은 무슨 일이든 스스로 처리하는 것이라고만 생각하기 쉽습니다. 그러나 진정한 자립이란 자기 혼자서 처리할지, 선생님이나 부모님 혹은 타인을 의지할지를 스스로 판단하는 데 있습니다. 선생님이든 부모님이든 어른을 완전히 불신하는 것은 정상적이지 않습니다. 더불어 모든 면을 신뢰하는 것도 옳지 않습니다. 인간이 인간과 관계를 맺을 때는 믿는 것과 믿지 않는 것, 양쪽 모두 필요합니다. 어느 한쪽으로 치우쳐서는 안 됩니다.

만일 당신이 무엇이든 부모님에게 이야기하고 선생님에게 말한다면, 지금부터는 자신의 마음속에 담아 둘 것을 조금 남기고 잠시라도 자신의 세계에서 처리해 보려는 시도를 해보세요.

만일 당신이 부모님에게도 선생님에게도 마음을 닫고 그들을 전혀 신용하지 않는다면, 같은 인간끼리 조금은 마음을 열어 보길 바랍니다.

틀려도 좋지 않은가

자기다움이란
어떤 것일까

'중학생답게'라거나 '고등학생답게'라는 말을 자주 합니다. 나는 이 말이 참 싫습니다. 그런 식으로 말하는 것은 '남자는 남자답게, 여자는 여자답게', '한국인은 한국인답게, 일본인은 일본인답게'라는 것과 다를 바가 없지요.

'○○답게'라는 말에는, 아무래도 사람들에게 암묵적으로 어떤 타입을 떠올리게 하여 사람을 그 틀에 맞추려는 의도가 있는 것 같습니다. '○○답게'라는 말이 구체적으로 어떤 것인지를 물으면 대답하기 어려울 것입니다. 나도 '대학 교수답게 행동하라'는 말을 들으면, 어찌해야 좋을지 몰라서 당혹스럽습니다.

반면 '중학생답지 않게'나 '고등학생답지 않게'라는 식으로 행동하려는 것도 바보 같은 일입니다. 틀에서 벗어나기 위하여 다른 틀에 끼워 맞춰서는 안 됩니다.

결국은 자기답게 있는 게 최고입니다. 무엇을 하든 '아아, 저 사람다운 일을 한다'는 말을 듣고, '저 사람다운 생각'이라는 말을 듣는 것이 좋습니다. 거기에 어떤 틀 같은 것은 필요 없습니다. 무엇보다 인간이 그렇게 되기 위해서는 평생이 걸립니다. 다른 누구도 아닌 자기 자신으로 살아가는 방식을 만들어 가는 것, 그것이 그 사람의 일생입니다.

아직 인생이 많이 남아 있는 젊은이들 역시 '젊은이답기' 이전에 그 사람답게 있어도 괜찮습니다. 중학생이나 고등학생이기 전에 먼저 인간이고, 하물며 다른 누구도 아닌 자기 자신이라는 인간입니다. 각자 자신의 매력을 가지면 됩니다.

중학교부터 고등학교에 이르는 시기는 자기 자신이 만들어지는 시기이기도 하여 '어떻게 살아갈 것인지' 그 틀에 대하여 불안감을 가지기 쉽습니다. 그래서 '○○답다'는 틀에 쉽게 끌리는 측면이 있습니다. 한편, 세상이 그런 틀을 강요하는 것에 반발하여 '○○답지 않은' 쪽에 끌리는 경향도 있습니다. 그러나 그것 역시 자신을 어떤 틀에 맞추려는 것임에는 다름이 없습니다. '나는 나'라는 불안감이 그런 식으로 의식을 굴절시킵니다.

틀려도 좋지 않은가

세상은 중학생이 '중학생다운' 틀 안에 있으면 안심하는 것 같습니다. 그리고 그 '중학생다움'은 꽤 제멋대로 정의 내려지기에 '중학생답다는 것이 어떤 것인가?'라고 물으면 누구도 명쾌하게 대답하지 못합니다. 그런데 그 애매한 부분이 관리하고 통제하는 입장에서는 꽤 편리한 데가 있어서 더 문제입니다. 게다가 사람들은 '○○다움'이라는 표현을 쉽게 받아들입니다. 며칠 전 TV에서 교복 착용에 대한 찬반토론이 벌어지는 것을 봤습니다. 그때 반대하는 입장에 있는 한 사람이 '중학생답다면 군이 교복이 아니라도 좋다'는 식의 주장을 펼쳤습니다.

　　'중학생'이나 '고등학생'이라는 것은, 그 사람의 인간성을 이루는 요소 중 부차적인 것입니다. 학생이나 교사, 샐러리맨은 그 사람의 사회적인 신분일 뿐인데, 지나치게 그에 맞는 모습을 정하려고 듭니다. 아주 옛날에는 무사는 무사답고 상인은 상인답지 않으면 호된 일을 당했지만, 지금은 그런 시대가 아닙니다. 나아가 여러분도 교사에게 '교사다움'을 요구하거나 아버지에게 '아버지다움'을 요구해서는 안 됩니다. 나 역시 그런 요구를 받는다면 참으로 난감할 것 같습니다.

　　물론 인간은 제각각 중학생이거나 교사이거나 아버지로 살아갑니다. 그리고 각자 나름대로 그러한 삶을 살아가는 수밖에 없습니다. 그래도 ○○다운 틀에 안주하기보다는 근본적으로 그 누구도 아닌 바로 자신다운 삶을 살아가야 합니다. '일반적인 중학생'이라는 무인격의 중학생다움이 아니라 당신이라는 고유성을 지닌 중학생의 삶을 살아가면 됩니다. 여러분은 자기만의 '자기다움'을 가질 수 있습니다.

가능하면 ○○다워지기보다는 자신만의 자기다움을 스스로 키워 가기를 바랍니다.

틀려도 좋지 않은가

있는 그대로가
개성

그러나 '자기다워진다'는 것은 심리적으로 상당히 부담스럽기에 지칩니다. 자신이 막 만들어지는 시기에는 자신이 타인과 다른, 오직 '한 사람의 나'라는 것이 다소 두렵기도 합니다. 가능하다면 다른 사람들 사이에 뒤섞여서 자신을 숨기고 싶은 마음도 한편에 있습니다. 타인과 다른 자신이기보다, 눈에 띄지 않는 존재이고 싶다는 마음이 생기는 것이지요.

그러나 역시 자신은 한 사람밖에 없기에 다른 누구도 아닌 자신으로 있으려는 마음도 있지요. 타인과 다른 개성적인 자신으로 있고 싶다고 마음 깊이 바라고 있습니다. 그래서 '개성적'이라는 것이 또 다른 패턴이 되어 버리기 십상입니다. '개성'이라는 이름의 특별한 틀에 자신을 적용한다면 이미 그것은 당신만의 개성이 될 수 없습니다.

사실 인간은 모두 제각기 다르고, 어디에도 같은 곳은 없습니다. 겉으로는 흔한 틀에 맞출 수 있는 듯이 보여도 마음의 움직임은 모두 다르고 표정으로 나타나는 방식도 같지 않습니다. 저마다의 마음속에는 각자의 자신이 있습니다. 그리고 표면적으로 아무리 비슷해도 그 마음속을 들여다보면 사람은 각각 개성적인 데가 있습니다. 대개는 자신을 드러내는 것을 두려워하여 마음속에 감춰 두지만, 실은 저마다 재미있는 점이 있고 그 자체가 그 사람의 개성입니다. 누구나 있는 그대로의 모습만으로 충분히 개성적입니다. 따라서 특별히 '개성적'이 되고자 노력할 것도 없습니다. 있는 그대로의 자신일수록 개성적이니까요.

때로는 그 개성 때문에 스스로를 멸시하고 잔뜩 움츠리고 있는 사람도 있습니다. 그러나 자신을 업신여기는 모습은 아름답지 않습니다. 자신이 지닌 개성이야말로 자신이 획득한 어떤 기능이나 재산보다 값진 보물입니다. 그리고 자신의 개성을 믿을 때에 비로소 아름다워집니다.

자기만의 개성이라는, 이토록 흥미롭고 신나는 것을 다른 사람의 눈에 띄지 않도록 감추려고 하다니요. 너무도 안타까운 이야기입니다. 무릇 개성이라는 것은(비록 험담에 이용될지라도) 타인의 눈에 노출될수록 빛나는 법입니다. 그에 비하면 인공적인 것에 불과한 '개성적'이라는 이름의 틀을 좇다니 한심한 일입니다. 그보다는 있는 그대로의 자신을 좀 더 소중히 하는 것이 좋습니다.

현실에서는 이 부분이 왜곡되기 쉽습니다. 눈에 띄기 싫다는 마음과 눈에 띄려는 마음이 얽혀 있습니다. 자신을 타인들 사이에 묻으려는 마음과 자신을 타인과 구별하려는 마음이 뒤섞여 있습니다. 그러나 있는 그대로의 자신으로 존재하려면 그 어느 쪽으로도 흔들려서는 안 됩니다. 눈에 띄려고도 하지 말고, 그렇다고 눈에 띄지 않으려고도 하지 말고, 그대로 있으면 됩니다. 하지만 불안감으로 인해 우리 인간은 어느 쪽인가로 나아가려고 합니다. 그것은 '자신이 자신'이라는 근원적인 불안감과 일맥상통합니다.

그것을 실존이라는 어려운 말로 표현하는 사람도 있지만, 나는 그런 심각함이 묻어나는 말을 그리 좋아하지 않습니다. 어차피 인간이 본래 갖추고 있던 자질이기에 발랄하고 경쾌한 기분으로 받아들이자는 것이 나의 생각입니다.

무엇보다 이 자질은 뻔뻔스러운 데가 있습니다. 이미 반세기 전에 태어나 뻔뻔스럽게 살아온 나도 그렇게 느끼기에 젊은 여러분이 불안해하는 것도 무리가 아닙니다. 다만 나는 비교적 젊을 때부터 정색을 하고 뻔뻔스럽게 살아왔기에 일찌감치 개성적이 되었다고 자화자찬하고 있습니다.

본디 나는 '향상심'이 크지 않은 탓으로 '자기변혁'의 마음이 별로 없습니다. 그것이 좋은지 혹은 나쁜지는 모르겠지만, 이것이 나의 개성이라고 지금에 와서 다시금 생각합니다.

덧붙이면, 인생이라는 것은 자신이 자신을 발견해 가는 과정으로, 자신에게 갖춰지지 않은 자질로는 헤쳐 나갈 수 없습니다. 전쟁 중 배속 장교(훈련 교관으로 학교 등에 배치된 장교)는 비애국 소년인 나를 향해 "너 같은 놈은 군대에서 다시 단련시켜야 해"라고 말했지만, 나는 마음속으로 '죽어도 단련되지 않겠다'고 생각했습니다. 따라서 있는 그대로의 자신, 근원적인 불안을 끌어안은 자신이 개성적이라고 생각합니다.

타인의 눈
자신의 눈

재미있는 것은, 혼자서는 '자신이 자신'일 수 없다는 것입니다. 인간이 혼자 살아가는 존재라면 개성이라는 개념은 그 의미를 잃습니다. 다른 사람의 개성이 있기에 당신의 개성도 의미를 가집니다. 또한 타인의 눈에 띄지 않는다면 개성이라는 것이 존재할 수도 없지요. 타인에게 보여 줌으로써 성장해 가는 것이지요.

　당연히 타인의 눈이 당신에게 호의적일 것이라는 보장은 어디에도 없습니다. 험담하거나 심술궂은 눈으로 보기도 할 것입니다. 그런 타인의 눈을 두려워하는 것은 자신을 살리는 데 마이너스가 됩니다. 누구에게든 험담을 듣는 사람은 되지 말자고 다짐하면, 그 다짐만으로 눈엣가시가 되어서 험담을 듣습니다. 타인이 당신을 심술궂은 눈으로 보는 것은 그다지 특별한 일이 아닙니다. 타인은 원래 그런 존재이고, 그러하기에 타인은 나에게 도움이 됩니다.

당신에게 호의적인 눈길을 보내오는 사람도 있을 테지요. 하지만 그런 사람들하고만 관계하는 것은 그만두는 것이 좋습니다. 그런 사람들하고만 관계하면 오히려 자신을 잃습니다. 굳이 말하자면, 다소는 심술궂은 점도 있는 미운 타인이 사귀는 보람이 있습니다. 타인을 신경 쓰지 않는다는 말은, 신경 쓰지 않아도 되는 타인하고만 관계를 맺는다는 말이 아닙니다. 오히려 최대한 신경 쓰이는 타인이야말로 타인다운 타인입니다.

그렇게 타인의 눈에 자신을 드러내기 위해서는 어쩔 수 없이 자신을 만들어 가지 않으면 안 됩니다. 아직 자신다운 자신이 만들어지지 않아 자신감이 없기에 가능하면 타인의 눈에 드러나지 않기를 바라는 것은 정말로 한심한 일입니다.

본디 자신감이라는 것은 여러 다양한 경험을 하거나 여러 다채로운 기능을 획득하여 가지게 되는 것이 아니라고 생각합니다. 나의 경우는 오히려 여러 가지 경험을 하거나 많은 지식을 익히면 익힐수록 오히려 자신감이 없어졌습니다. 젊은 시절 아무것도 모를 때가 가장 자신감으로 넘쳤습니다.

경험도 없고 지식도 없지만 그저 있는 그대로의 자신을 믿는 것

틀려도 좋지 않은가

이 바로 자신감인 것이지요. 따라서 처음에 아무것도 없는 자신에 대해 자신감을 가지면 됩니다. 그리고 그런 자신이 타인과 관계를 맺는 가운데 성장합니다. 먼저 자신감이 생기고 나서 인간관계가 형성되는 것이 아닙니다.

여기서 타인의 눈앞에 자신을 드러낸다고 했는데, 그것은 결국 자신의 눈일지 모릅니다. 혼자서 자신이 자신을 보다니 과연 가능한 일인지 미심쩍을 것입니다. 거울 앞에 서서 거울 속 자신을 봅니다. 그때 거울 속의 자신이 여기에 서 있는 자신을 보고 있는 듯한 느낌이 들지 않나요? 타인의 눈이라는 것도 어쩌면 그런 것인지 모릅니다. 타인이 보는 것 같아도 사실은 자신의 눈으로, 타인의 입장에서 자신을 보고 있는 것이지요.

당신이 타인이 아닌 이상, 당신이 신경 쓰는 타인의 눈이라는 것도 결국 자신이 타인에게 투영한 당신 자신의 눈입니다. 당신이 지배할 수 있는 마음은 오직 자신의 마음뿐이고, 타인의 눈에 담기는 것도 아마 당신의 마음일 것입니다.

이렇게 많은 타인의 수만큼 당신의 마음을 비추는 거울이 있다면 견뎌 낼 수 없을 것이라고 생각할지 모르지만, 인간이 산다는 것이 그런 것이지요. 따라서 그런 일로 비지땀을 흘리지 말고 살아가야 합니다. 생각하기에 따라서는 타인의 눈을 자신의 눈과 이중으로 겹쳐서 보는 것도 멋집니다.

자신과는 다른 타인이라 두렵다고 말하지만, 결국은 자신의 그림자를 보고 두려워했던 것이 아닐까요. 자신이라는 존재는 사실 상당한 괴물로 어쩌면 타인보다 더 두려운 존재이지만, 그래도 이것이 자신이라고 생각하며 받아들여야 하지 않을까요?

수많은 타인의 눈에 둘러싸인 채 그 가운데 있는 것, 그것은 실은 자신의 눈으로 자신을 보고 자신의 마음으로 자신을 만들어 가는 것입니다. 또한 '나는 나'라는 말은 결코 외톨이가 되는 것을 의미하지 않습니다. 오히려 수많은 사람들 가운데 있기에 자신은 자신일 수 있습니다.

중학교에 들어간 나를 좋아해 준 친구가 있었습니다. 당시 중학교
는 5년제로 그 친구는 나보다 나이가 많았습니다. '수학소년'이던 나
는 그 친구에게 고등학교에서 공부하는 미적분을 배우기도 하고, 나
의 영어와 그 친구의 독일어로 단어 경쟁을 하기도 했습니다.

당시 나는 하늘소에 빠져 있었는데, 그것도 그의 영향 때문이었습
니다. 하늘소 시즌이라면 5월이나 6월로, 여름방학 기간이 아니었습
니다. 그래서 오후 3시에 학교가 끝나면 황급히 귀가하여 도요나카를
지나 미노오(둘 다 오사카 부 북쪽에 있는 시)까지 갔습니다. 그리고 허
겁지겁 달리듯이 산에 오르면 6시쯤 산속에 닿습니다. 하늘소는 대개
저녁 6시부터 7시경에 활동하니 가장 적절한 시간입니다. 그 후엔 별
이 빛나는 산길을 내려왔습니다. 흐린 날에도 다행히 계곡에 빠지지
않았습니다.

말로만 듣던 희귀종 하늘소와 처음으로 만났을 때는 가슴이 두근
거렸습니다. 그때의 느낌은 너무도 독특한 것이었지요. 사실 여성에
게도 그처럼 가슴이 뛰었던 적은 없었습니다(이 얘기는 아내에게 비
밀입니다).

공부는 본디 숲 속의 오솔길을 걷는 것과 같습니다.
더워서 나무 그늘에 누워 낮잠을 자는 사람도 있을지 모르지만,
잠이 깬 뒤에 걸어도 괜찮습니다.
젊음에는 언제든 튀어 오를 용수철이 있습니다.
지금 비록 위축되어 있어도 이후에 튀어 오르면 됩니다.

3장.

공부와
재능

공부는
왜 하니?

나는 수학을 하고 있어서 유독 수학에 끌리는데, 공부라는 것은 본디 각자 자신에게 맞는 방법으로 시도해 보는 것이 좋습니다. 지금 행해지는 대개의 공부법은 자신과는 맞지 않는 경우가 많기 때문입니다.

수학에서는 문제 풀이 방법을 익히는 것을 가급적이면 나중으로 미루는 것이 좋습니다. 빨리 풀어 안심하려는 심정은 잘 알지만, 수학은 풀이하는 방법을 알면 그것으로 대개 끝입니다. 그 이후에는 남이 못 푼 문제를 풀었다는 자랑거리밖에 남지 않지요.

수학이라는 학문은 풀이 방법을 안 이후에는 힘을 키울 수 없습니다. 풀이 방법을 익히기 전, 아직 풀이 방법을 모를 때가 힘을 키울 수 있는 기회이지요. 풀 수 있다는 사실은 같아도, 거기에 이르는 과정이 어떠냐에 따라 힘이 키워질지 말지가 결정됩니다.

게다가 '재미'도 아직 풀지 못해 이런저런 풀이 방법을 궁리하는 동안에 있습니다. 풀지 못하면 재미없을 것 같지만 그것은 빨리 풀자고 성급해하기 때문이고, 재미는 풀기 전까지의 과정에 있습니다. 풀잇법을 알게 된 이후에는 오히려 공허합니다. 대개 '답을 아는 수수께끼'는 의미가 없지요. 풀이 방법을 모르기에 문제로서 가치가 있습니다.

물론 전혀 손도 대지 못한다면 재미도 없겠지만, 의외로 잘 알지 못해도 머릿속에서 요리조리 살펴보면 조만간 익숙해져 이해가 되기도 합니다. 바로 그렇게 '점차 조금씩' 이해해 가는 것도 매력입니다. 그러려면 잘 모르는 것들을 돌보고 키울 머릿속의 '목장'이 넉넉하지 않으면 안 됩니다. 사실 수학의 힘이라는 것은 여러 가지 지식을 담아 두는 것에 있기보다 모르는 것을 키우고 돌보는 그런 목장의 넉넉함에 있을지 모릅니다.

특히 나는 공식을 암기하는 것에 반대합니다. 그것은 너무 간단하여 재미라고는 눈곱만큼도 느낄 수 없고, 암기해도 쉬이 잊어버립니다. 특히 서둘러 암기한 것은 서둘러 잊힙니다. 똑같이 암기하더라도 충분한 시간을 들여서 암기하면 그 기억은 오래갑니다.

사실 공식은 암기할 필요도 없이 책에 적혀 있습니다. 따라서 외우기보다 여러 차례 책을 찾아보는 것이 좋습니다. 문제마다 사용할 공식을 찾는 데 다소 시간은 걸리지만, 그러는 것이 좋습니다.

말하자면, 풀숲에 숨어 있는 꽃을 발견하는 것입니다. 그렇게 하면 공식이 피어 있는 전체 풍경이 저절로 눈에 들어옵니다. 책 속에 적혀 있지 않은 공식은 꺾인 꽃가지 같은 것으로, 눈에 띌지는 모르지만 그 대신에 죽어 있습니다. 그것이 피어 있던 풍경에서 분리되어 있습니다. 그래서 풍경 전체에 대한 감각을 익히지 못한 사람은 실제로 공식을 사용할 때 잘못 사용하기도 합니다.

분명 공식을 암기하고 그것을 사용하여 문제를 풀어 나가면 빨리 문제를 풀 수 있습니다. 너무도 빨리 말이지요. 그러나 조금 시간이 지나면 잊어버리고 말지요. 지금 당장 시험 점수를 높이려고 한다면 그것도 한 가지 방법입니다. 시험이 끝난 뒤에 머지않아 잊어버리면 헛수고일 테지만, 그래도 당장 시험 점수를 높여야 한다면 어쩔 수 없는 일이지요.

그렇다면 아예 수학의 힘을 키우겠다는 생각 없이, 가능하면 밤새워 성급하게 암기하고 말끔히 잊는 게 좋습니다. 그리고 오히려 평소에 공식을 암기하여 풀자는 생각을 말고 여러 차례 책을 봅니다. 때로는 책을 찾아보는 것마저 성가셔 공식 없이 문제를 풀 방법을 생각하기도 합니다. 그렇게 이런저런 방법을 생각하는 느긋한 자

틀려도 좋지 않은가

세가 힘을 키웁니다. 그런 게으름 피우는 마음 없이 힘은 생기지 않습니다.

최근 시험으로 받는 스트레스가 많아서인지 풀이 방법을 생각하는 데 서두르는 경향이 있습니다. 분명 시험에는 시간제한이 있어서 어쩔 수 없이 서두르기도 해야 합니다. 그러나 시간이 제한되었을 때에 빨리 문제를 풀기 위해서는, 시간이 제한되지 않았을 때에 시간 따위는 신경 쓰지 말고 공부해 둬야 합니다. 시험에서 서둘러 풀기 위해서는 시험이 아닐 때에 서두르지 말고 충분한 시간을 들여 풀어야 하지요.

양쪽 모두 '문제를 풀었다'는 결과는 동일할지 모릅니다. 그러나 충분한 시간을 들여 공부할 때는 이해에 깊이가 더해집니다. 그리고 결과에 이르는 과정을 즐김으로써 공부하는 힘이 생깁니다. '공부를 즐긴다니…… 터무니없다'고 생각할지 모릅니다. 그러나 그것은 목적만 보기 때문에 안절부절못하는 것으로, 즐길 마음만 있다면 얼마든지 즐길 수 있습니다.

때로는
밤샘 공부를

나는 대학에 있어서 주위에 수학이나 문학을 하는 사람이 많습니다. 그런데 그 사람들은 그다지 규칙적으로 공부하는 것처럼 보이지 않습니다. 물론 사람은 각기 달라서 매일 정해진 시간 동안 공부를 하기도 하지만, 그런 타입은 소수파입니다.

대개는 일단 열중하기 시작하면 사흘쯤 밤낮으로 잠도 자지 않고 몰입합니다. 물론 그런 식으로 공부하면 몸이 견뎌 내지 못해 한동안은 또 멀거니 먼 산만 바라봅니다. 그토록 열중했던 것이 거짓말처럼 말이지요. 얼핏 인내심이 없는 것 같지만, 얼마 지나지 않아 완전히 포기했던 그 문제에 다시 도전하기도 합니다. 도저히 규칙적

틀려도 좋지 않은가

으로 공부한다고는 생각할 수 없습니다.

중학생도 때로는 밤새워 열중할 일이 있어도 좋지 않을까요? 평소 그렇게 흥미를 느끼는 일이 없다고 말할지도 모르지만, 때때로 그런 마음이 되어 보는 것도 좋지 않을까요? 수학이 아닌 소설이라면 흔히 있는 일이지요. 그럴 때 마음껏 밤을 지새우면 책이 좋아집니다.

'매일 규칙적으로 공부하라'고 귀가 따갑도록 듣기에 오히려 열중할 기회를 빼앗기는 게 아닐까요? 분명 매일 규칙적으로 공부하는 게 건강에는 좋을 테지만, 공부는 조깅이 아닙니다. 나 같은 노인도 건강을 해쳐 가며 밤을 새울 정도이니 젊은 사람에게는 아무것도 아닙니다. 신체적으로는 매일 하는 공부에 익숙해지기 쉬울 것입니다. 그러나 정신노동이라는 것은 규칙적으로 하기에는 적절하지 않습니다. 그러면 그저 '단련' 같은 게 되어 일정 시간을 견디는 고행이 되어 버립니다. 정해진 시간을 책상 앞에서 보내는, '근무 시간'을 소화하는 샐러리맨처럼 말이지요.

공부라는 건 시간으로 측정할 수 없습니다. 책상 앞에 있는지 아닌지로 계측할 수 없습니다. 산을 멀거니 바라보고 있더라도 그때 머릿속으로 생각을 하는지 아닌지가 문제인 것입니다. 예컨대 수학자 중에는 수학을 책상에 앉아 생각하는 타입도 있지만, 길을 걷거나 풀밭에 누워서 생각하는 타입도 많습니다. 그저 책상 앞에서 얼마간의 시간을 보내면 '공부했다'는 안도감은 가질 수 있습니다. 지나치게 안도감을 추구하는 것도 문제겠지만, 마음을 안정시키는 것은 분명 좋은 일이기는 하지요. 규칙적인 공부의 장점은 오히려 그런 것이 아닐까요?

그런데 그 바람이 자칫 잘못 표출되어 실천하지도 못할 계획표를 만들고, 그것을 실행으로 옮기지 못했다는 이유로 자신을 한심하다고 책망하며 초조해합니다. 그처럼 어리석은 일도 없습니다. 규칙적인 공부라는 것은 자기만족을 위한 것으로, 불안에 떨지 않기 위한 것이니까요.

사람에 따라 학업 능률은 제각기 다르겠지만, 진짜로 집중하여 머리를 쓰는 것은 하루에 두 시간 남짓이 한도가 아닐까요. 적어도 나의 경험으로는 하루 두 시간씩 일주일간 계속 공부하면 환청이 들리거나 신경증 증세가 나타나더군요. 이것은 내 머리가 약하기 때문일지 모릅니다. 아예 하루에 30분이 한도라고 말하는 사람도 있는데, 그는 수학자들 사이에서도 가장 뛰어난 사람으로, 분명 집중도가 나보다 높습니다. 물론 먼 산을 멍하니 바라보면서도 어떤 생각을 준비하는 경우가 있기에, 반드시 집중도만 가지고 효율을 말할 수는 없습니다.

결국 시간보다는 밀도입니다. 매일 여섯 시간 동안 영화 세 편을 보거나 카드놀이를 해도 상당히 피로한데, 하루 여섯 시간 공부한다

틀려도 좋지 않은가

면 아마 영화나 게임만큼도 공부에 집중하지 않는다는 말이 되겠지요. 사실 입시를 생각해 봐도 오래 시간 공부하는 것보다는 시험 시간에 집중하는 것이 유리합니다.

입시를 위해서는, 예컨대 여름방학 하루라도 아침부터 음악을 듣고 알람이 울린 순간에 문제집으로 바꿔서 두 시간 동안 맹렬히 문제를 풀고 다시 시간이 되면 음악을 듣는, 그런 방식도 나쁘지 않습니다. 급발진·맹렬한 속도·급정지라는 '공부 폭주족' 훈련은 입시에 도움이 됩니다. 아침부터 밤까지 마냥 책상 앞에 앉아 있는 것보다 훨씬 도움이 됩니다.

물론 이것은 개인의 성향에 따라 다릅니다. 그러나 적어도 젊을 때는 여러 공부법에 도전해 보기 바랍니다. 때로는 밤새워 공부해 보는 것도 좋지 않을까요.

즐기지 않으면
손해

여러분은 예컨대 수학처럼 꽤 어렵고, 장차 도움이 될 것 같지도 않은 것을 왜 공부해야만 하는가 생각할지도 모르겠습니다. 수학은 과학의 기초라거나 수학을 하면 머리가 논리적이 된다거나, 그런 말을 하는 선생님도 있지만 나는 그런 평계를 댈 생각은 없습니다.

일일이 따져 보면, 학교 공부는 대개가 사는 데 그다지 도움이 되지 않습니다. 《겐지 이야기》나 봉건제도 같은 것을 모른다고 살아가지 못하는 것은 아닙니다. 인류 전체에 도움이 된다고밖에 말할 수 없습니다. 게다가 어렵기까지 하지요.

그러나 젊은 사람이라면 비록 도움이 되지 않아도, 어려워도, 흔

쾌히 해보는 것입니다. 예컨대 여러분 중에는 기타를 좋아하는 사람이 있겠지요? 하기만 그런 것은 생활에 특별히 도움이 되지 않습니다. 코드 진행이라는 것도 제법 어렵습니다. '악보를 읽을 수 있게 되면 장차 도움이 될 것이다', '음악은 정서를 풍요롭게 한다'…… 그런 말을 하는 선생님도 있을 테지만, 사실 음악을 좋아하는 데 그런 것은 아무래도 좋지요.

흔히 '의욕을 불태우라'고 말하지만, 일부러 자세를 갖추고서 '의욕'을 말하는 것은 진짜가 아닙니다. '그만두라'고 말려도 빠져드는 게 진짜이지요. 그런 점에서, 학교 공부는 지나치게 효과를 말하기에 싫어지는 게 아닐까요? 만화라도 매주 감상문을 숙제로 써야 하고, 학기말에 시험을 쳐서 그걸로 내신 점수가 매겨진다면 싫어질 것입니다. 수학도 그런 처지에 있습니다. 그럼에도 불구하고 수학을 좋아하는 아이가 있으니 참으로 기특한 일입니다.

나는 오히려 편안히 긴장을 풀고 만화나 텔레비전을 보듯이 공부하면 잘할 수 있습니다. 어차피 할 것이라면 즐기지 않으면 손해지요. 공부를 진지하게 생각하기보다 절반쯤 재미로 하는 것은 어떨까요? 그러면 의외로 좋은 점이 보이지요.

초등학생 시절에 잘하지 못하면 중학교에 올라가서도 못한다고 말하는 어른이 있는데, 그렇지 않습니다. 젊은 시절에는 신축성이 있어 좋습니다. 초등학교에서 못했어도 중학교에 올라가 갑자기 잘하기도 하니 재미있습니다. 예컨대 수학도 지금은 내키지 않지만 일단 하려고만 하면 중학교 수학쯤 눈 깜빡하는 사이에 따라잡을 수 있다고 장담합니다. 따라서 할 마음이 생길 때 하면 되는 것이기에 조급해하거나 절망하지 마세요.

사실 수학에는 곤란한 점이 있습니다. 그것은 일단 이해하면 쉽지만, 쉬운 것일수록 이해하기 어렵다는 점이지요. 아예 어렵다면 그 나름으로 노력하여 정복할 텐데, 쉬운 것을 이해하려니 어렵습니다. 세상의 진리는 대개가 단순하고 쉽습니다. 그리고 단순하고 쉬운 것일수록, 복잡하고 어려운 것에 비하여 이해하기 어렵습니다. 수학은 그런 특성이 두드러집니다.

대신, 이해하기 시작하면 술술 알게 되는 법이지요. 지금 모른다고 해서 잘할 가능성이 막힌 것은 아닙니다. 이공계열 대학생에게 물어보면, '초등학교 때 못했지만 중학교 때 좋아졌다'거나 '중학교에선 못했지만 고등학교부터 제일 잘하는 과목이 되었다'고 말하는 사람도 있습니다. 중학교 때 못했어도 고등학교가 있습니다.

만일 당신이 지금 공부를 잘하지 못해도 공부를 잘하는 사람을 두고 '특별하다'고 생각할 필요 없습니다. 단지 당신은 그들과 잘하는 시기가 어긋나 있을 뿐이니까요. 인간은 변하는 존재이기 때문에 중학교 때 수학이 질색이었어도 어른이 되어 좋아지기도 합니다. 따라서 공부라는 것을 고정적으로 생각하지 않는 것이 좋습니다. 아무

틀려도 좋지 않은가

리 해도 싫다면 아예 두세 달쯤 눈길도 주지 않는 방법이 있습니다. 사람에 따라서는 이후에 다시 해보자는 마음이 생기기도 합니다.

물론 사람은 저마다 달라서 누구에게든 일률적으로 권할 수는 없습니다. 석 달이라는 공백은 불안하지만, 언제든 만회할 수 있다는 마음가짐이 중요합니다. '일단 뒤처지면 다시는 회복할 수 없다'고 생각하기도 하는데, 공부를 정해진 시간표대로 운행하는 버스 정도로 생각하는 게 아닐까요? 공부는 본디 숲 속의 오솔길을 걷는 것과 같습니다. 더워서 나무 그늘에 누워 낮잠을 자는 사람도 있을지 모르지만, 잠이 깬 뒤에 걸어도 괜찮습니다.

젊음에는 언제든 튀어 오를 용수철이 있습니다. 지금 비록 위축되어 있어도 이후에 튀어 오르면 됩니다.

둔한 것도
재능

여러 가지 것을 잘 알고 있는 사람이 있습니다. 뭐든 잘 기억하는 사람이 있습니다. 사실, 그리 대단한 능력은 아닙니다. 책을 보고 내용을 머릿속에 담아 두어 그저 책을 조사하는 번거로운 수고를 줄이는 정도입니다. 늘 옛것을 기억하고 있으면 새로운 것이 들어갈 여지가 없습니다. 새로운 것을 자꾸자꾸 넣고 옛것은 차례로 잊어도 되는 것이지요.

그래도 많은 지식을 가진 사람과 만나면 상대가 안 될 것 같아 움츠러듭니다. 특히 젊은 시절에는 더욱 그렇지요. 나이를 먹으면 많은 지식도 별 도움이 되지 않는다는 사실에 조금 안심하고 태도를

잊려도 좋지 않은가

바꿀 마음이 생기지만, 젊을 때는 지식에 압도당하기 십상입니다. 그래서 때로는 무리하게 지식 경쟁에 열중하게 됩니다. 내게도 그런 기억이 있습니다.

빠른 암기도 이런 경쟁에 한몫합니다. 뭐든 금방 암기하면 머리가 좋아 보입니다. 시험 점수도 오릅니다. 하지만 시험이 끝나면 곧 잊어버리기 때문에 그다지 자신의 것이 되지는 않습니다. 빨리 암기한 것은 그저 임시방편 정도밖에는 되지 않습니다.

인간은 대개 필요 없는 것은 잊도록 만들어져 있고, 중요한 것은 잊으려고 해도 좀처럼 잊지 못합니다. 그런 중요한 것만을 확실히 기억할 수 있으면 됩니다. 즉 기억하기 위해서는 먼저 기억하려는 것이 정말로 자신에게 중요한 것이 되어야 합니다.

두뇌회전이 빠르면 머리가 좋아 보이지요. 시험을 볼 때도 이 점은 분명 이득입니다. 그러나 대학에서 지내다 보면 머리가 잘 돌아가는 수재는 얼마든지 있어서 그리 특별할 것은 없습니다. 아는 것이 많지만 넉넉하고 느긋한 타입도 나쁘지 않습니다. 수학자 중에는 머리가 둔한 사람도 있고 그 대부분이 존경받습니다. 본인 스스로 자신의 머리가 둔하다는 자랑도 불사합니다.

간혹 수학 토론이 벌어지면 유명 수학자 중에도 상대방의 이야기를 전혀 이해하지 못하는 사람이 있습니다. 그러면 사람들은 '대수학자이지만 나이를 먹어 물러졌구나'라고 생각합니다. 그런데 그로부터 2년이 지나서야 그 개념을 이해한 '둔한' 수학자가 좀 더 본질적인 것을 알게 되어 그 개념에 관해서는 세계 제일이 되는 경우도 있습니다.

이렇게 보면, 천천히 이해하는 것도 일종의 재능입니다. 일찌감치 이해하면 아무래도 수박 겉 핥기가 되어 버려 이해가 깊은 곳까지 이르지 못하는 것 같습니다. 결국 지식을 암기하고 이해하는 데는 사람마다 각자의 스타일이 있습니다. 그렇다고 빨리 이해하거나 여러 가지를 머릿속에 담아 두는 사람이 나쁘다고 말하는 것은 아닙니다. 그저 '그래야만 한다'는 것은 아니라는 말입니다.

시험만 놓고 볼 때는 빨리 이해하고 기억하는 타입의 사람이 압도적으로 유리합니다. 그러나 그로 인해 나중에 실패할 위험이 있다는 점에서는 불리할 수 있습니다. 학교에서는 여러 성향에 대하여 한 방향에서만 이야기하기 십상입니다. 예컨대 '두뇌회전이 잘된다'거나 '곰곰이 깊이 생각한다'는 것은 좋은 점이지만, 이 두 가지는 좀처럼 양립하지 않습니다. 두뇌회전이 빠르면 대개 덤벙거리고, 곰곰이 생각하는 사람은 대개 굼뜹니다.

일단 덤벙거리든 굼뜨든 둘 다 조금도 나쁘지 않습니다. 신중한 척하지 않고 무슨 일이든 가볍게 손을 내미는 것은 성격 탓도 있겠지만, 좋습니다. 조금 굼뜬 것도 봐줄 만하지요.

그러므로 타인과 자신이 다르다고 하여 지나치게 신경 쓰는 것

틀려도 좋지 않은가

은 쓸데없는 일입니다. 남을 신경 쓰기보다는 '나는 나'라며 자신의 방식을 찾는 게 좋습니다. 지금 당장이 아니라도 평생이라는 기나긴 시간을 살아가는 동안에 자신의 방식을 익히게 될 것입니다.

좋은 일에는
나쁜 면도 있다

대부분의 일은 어느 한 면만 보고 '무조건 좋다'고 말할 수 없습니다.

여러 가지 일을 두루 잘하는 사람을 가리켜 흔히 '재능이 있다'고 말하는데, 재능이 있으면 자신도 모르게 인생 곳곳에서 함정에 빠지기 쉽습니다. 또한 그런 사람이 오직 이득을 추구하는 데만 몰두하면 대개 밉상이 되어 버립니다. 재능을 자랑처럼 내세우기 때문이지요. 자신의 재능을 조금은 억누를 필요가 생기기도 합니다.

만약 당신이 이론의 달인으로 논쟁에 강하다면 한번쯤 이런 것도 생각해 봐야 합니다. 인간은 일단 타인의 이론에 납득당하는 일이 거의 없습니다. 그러니 이론적으로 타인에게 밀리면 화가 나는

틀려도 좋지 않은가

법입니다. 때로는 분한 마음에서 주먹을 날리기도 합니다. 사실 나는 이론의 달인이기는 하지만 겁쟁이라서 어릴 적부터 가급적 상대를 설득하지 않는 것을 처세술로 익혔습니다.

모두에게 인기가 있고, 그중에서도 이성에게 인기가 있다면 정말로 좋겠지요. 그러나 인기라는 것은 참으로 무서워 아무리 본래의 자신으로 있으려고 해도 자꾸만 치켜세워질 수밖에 없습니다. 또한 모처럼 인기가 있을 때 그것을 기뻐하지 않는다면 자칫 트집이 잡혀 미움을 살지도 모릅니다. 이처럼 타인에게 칭찬받고 인기를 얻어도 상당히 힘든 법이지요. 선두에 서서 모두를 한데 아우르느라 — 어쩌다 보니 선두에 서게 되었어도 — 고생은 끊이지 않습니다. 게다가 아무리 겸허한 사람이라도 제법 교만이 생깁니다. 그렇게 기를 쓰고 무리하다 보면 그러는 동안에 뒤틀립니다.

이처럼 모든 게 '좋은' 점만 있는 것은 아닙니다. 공부도, 스포츠도, 예술도 그리고 외모도, 성격도 모두 그렇습니다. 좋은 점에는 나쁜 점이 따르게 마련이지요.

중학생 무렵은 자신에게 없는 타인의 다양한 점들이 매우 좋아 보입니다. 그래서 '저렇게 되고 싶다'는 생각에서 노력도 해보지만, 그것이 자신에게 맞는 것이 아니라면 대개의 경우 생각처럼 잘되지 않습니다. 정반대로, 자신이 굉장히 열등한 존재처럼 생각되기도 합니다. 때로는 당신이 시샘하는 그 상대도 당신을 은근히 부러워하며 서로가 내심 주눅 들기도 합니다. 남의 떡이 커 보이는 것이니까요.

가령 타인의 스타일을 흉내 내 굼뜬 인간이 달리거나 덤벙이가 차분함을 보여도 ─ 어느 정도는 그래도 좋지만 ─ 생각처럼 잘되지 않습니다. 자신이 익힌 방식으로밖에 살아갈 수 없다고, 다소 운명론적인 심정이 되어 봅니다.

물론 요즘은 숙명론자가 진보나 발전적인 움직임을 막는다고 말합니다. 태생적으로 어쩔 수 없는 것이 아니라 노력에 따라서 인간은 얼마든지 변혁할 수 있다는 것이 진보적인 사상입니다. 분명 태생적으로 머리가 나빠서는 안 된다, 태생적으로 센스가 좋지 않으면 안 된다…… 그런 것은 아니지요. 예컨대 수학도 '머리가 좋은 사람이 하는 것'이라고 지금까지도 진심으로 믿는 사람이 많은데, 누구든 할 수 있습니다.

단, 그 방법은 사람에 따라 제각기 다릅니다. 덤벙거리는 방식으로 수학을 하든, 굼뜬 방식으로 수학을 하든, 수학을 공부할 수 있습니다. 그때 태생적인 덤벙이가 굼뜬 방식을 도입하거나 태생적으로 굼뜬 사람이 빨리빨리 서두르는 방식을 도입하는 것은 적절치 않다는 말입니다. 덤벙이가 굼벵이로 다시 태어나거나 굼벵이가 덤벙이로 다시 태어나는 것은 무리인 데다, 가능하다고 해도 무슨 재미가 있겠습니까?

타인에게 있는 무언가에서 자신에게 없는 것을 발견하고 그것을

틀려도 좋지 않은가

이상理想으로 삼아 자신을 향상시키는 것, 그것은 분명 성장의 한 단계입니다. 그러니 결국에는 '자신은 자신이며, 타인의 이상에는 도달할 수 없다'는 것을 가슴에 담아 두는 것이 좋습니다. 그리고 그 이상에 미치지 못했다고 하여 우울해해서는 안 됩니다.

아무리 멋지게 보이는 타인의 이상도 나와 마찬가지로 좋은 점과 나쁜 점을 나란히 가지고 있습니다. 나는 이상을 위해 존재하는 것이 아니라 나 자신을 위해 존재합니다. 자신이 가지고 있는 밉살맞아 보이는 부분도 반드시 좋은 점을 가지고 있습니다. 그것을 어떻게 잘 키워 가는가, 그것이 문제입니다.

나는
나인 걸로
충분해

자신의 장점을 찾는 일은 의외로 타인의 장점을 발견하는 것보다 어렵습니다. 누구든 다소는 자긍심을 가지는 법이지만, 자신의 장점을 발견하는 것은 그것과는 또 다른 문제입니다. 대개는 좋은 점과 나쁜 점이 겹쳐 있기 때문입니다.

타인에 대해서는 그중 장점부터 눈에 들어와 부러워하지만, 반면 자신의 단점은 타인에게 숨기려고 합니다. 무엇보다 바람직하지 않은 것은, 좋은 점과 나쁜 점이 겹쳐 있다는 것 때문에 두려운 나머지 아무것도 하지 않는 것입니다. 자신의 장점도 단점도 타인에게 보이지 않겠다며 감추는 것이 가장 나쁩니다.

중학생 무렵에는 자신에게 보기 싫은 성격이 있다고 생각합니다. 그리고 그것을 타인에게는 보이지 않으려고 착한 아이처럼 행동하느라 자주 지독한 피로감을 느끼기도 합니다. '미운 점을 보였다가 남에게 미움을 사는 게 아닐까?' 하는 두려움에 자신을 안으로 감춥니다.

실제로는 보기 싫은 부분 때문이 아니라 그것을 감추려고 틀어박히다가 오히려 타인의 미움을 사고 맙니다. 게다가 그 보기 싫은 점이라는 것은 자신이 생각하는 만큼 타인에게 미움을 받지는 않습니다. 설령 정말로 그 때문에 타인에게 미움을 받는다 해도, 그것을 드러내어 '저 사람이 싫다, 그러나 재미있는 사람이다'라는 평가를 받는 데까지 가지 않으면 일생을 주뼛주뼛 살아갈 수밖에 없습니다. 그리고 '미운 데가 없으면 타인에게 사랑 받는다'고 생각하지만, 그런 일은 거의 없습니다. '미운 데가 있지만 마음에 든다'는 식으로 말하는 편이 훨씬 깊이 있는 관계가 됩니다.

누구에게나 험담을 듣는 사람은 좋은 평판을 얻지 못합니다. 타인을 의식하기 시작하는 중학생 무렵에는 타인의 험담이 자꾸 마음 쓰이는 것도 어쩔 수 없는 일입니다. 하지만 험담을 듣지 않도록 주의하는 그 태도 자체가 타인에게는 험담의 재료가 되기 쉽다는 사실도 일찌감치 깨닫는 게 좋습니다.

조금 낙관적일지 모르지만, 인간은 본디 각자의 성격과 재능과

용모를 가지고 있습니다. 그것은 좋은 면과 나쁜 면이라는 양면성을 가지고 있어 타인이 보면 좋기도 하고 나쁘기도 합니다. 그래서 살아가는 것이 재미있는 것이지요. 사람이 그 사람답게 살아가는 모습은 모두 그러합니다.

자신은 자신처럼밖에 살아갈 수 없습니다. 그리고 그렇게 살아가는 것은 신나는 일입니다. 또한 진심으로 즐겁고 재미있게 살아가는 사람은 자신은 물론 타인이 봐도 재미있게 살아가는 듯 보입니다. 그렇게 타인도 재미있다고 느끼기에 당신을 좀 더 좋게 생각해줄 것은 불 보듯 뻔합니다.

재능이나 용모에서도 좀 더 자신을 드러내는 것이 좋습니다. 예컨대, 과거 미국의 흑인은 백인처럼 되려고 피부를 하얗게 하거나 머리카락을 곧게 폈지만 그 모습은 조금도 아름답지 않았습니다. 흑인이 아름다워진 것은 '블랙 이즈 뷰티풀'이라며 스스로를 드러내기 시작하면서부터입니다. 지금은 TV나 영화에 흑인이 매력적인 모습으로 등장합니다. 자신을 드러내면 아름답습니다.

재능에 있어서도 그 사람에게만 있는 멋을 낼 수 있는지가 중요합니다. 일본의 옛 예술가들은 예술이 좋아서 그 길에 들어섰지만 늘 '서툴고 재능이 없다'는 말을 들어야 했습니다. 그런 말을 들으면서도 여전히 예술의 세계에 몸담고 있다 보니 불현듯 다른 사람과는 다른 멋을 가진 명인이라 불리게 되었다는 이야기도 있습니다. 그것을 두고 특별히 '노력하는 정신으로 예술의 길을 가야 한다'는 식으로 이야기할 필요는 없습니다. 그 사람의 멋이 그 사람의 예술과 하나가 되었을 때, 서툴고 재능이 없는 듯이 보여도 모두가 감동하는 예술가가 될 수 있었던 것입니다.

물론 젊은 시절에는 화려한 재능이나 멋진 외모, 좋은 성격이 있으면 세상을 살아가기가 수월합니다. 그러나 평생이 그렇지는 않지요. 게다가 재능이나 외모, 성격 등에서 지금 정말로 타인에게 낮은 평가를 받는다 해도 자기 자신을 드러내고 자신밖에 할 수 없는 방식으로 해나갈 때 스스로의 재능을 더욱 꽃피울 수 있습니다. 자신의 외모가 지닌 특성을 살려서 살아갈 때 더 아름답습니다. 자신의 성격을 숨기지 않고 타인과 관계를 맺을 때 타인은 당신을 좀 더 높이 인정해 줍니다.

입시는
홀가분하게

최근 입시를 꽤 문제시합니다. 사실 기나긴 인생에서 보면 고작 입시 정도로 인생이 좌우될 리 없는데도 말이지요. 물론 자신은 그렇게 생각하지 않으려 해도 주위에서 가만히 내버려 두지 않습니다.

대학 입학시험에서 50점을 받은 수험생이 55점을 받은 수험생보다 학력이 뒤처지는가 하면, 결코 그렇다고 단언할 수 없습니다. 문제 유형이나 채점 방식으로 마침 5점의 차이가 생겼을 뿐으로, 본질적인 차이라고는 할 수 없지요. 그러나 그 5점으로 등락이 결정되는 커트라인에 아슬아슬 걸려 있는 수험생은 많습니다.

커트라인에 몰린 수험생들 사이에 '합격한 아이는 공부를 잘하고, 불합격한 아이는 공부를 못한다'고 말할 정도의 학력 차이는 없습니다. 이것은 대학 입시에 대한 얘기지만, 고교 입시도 마찬가지입니다. 하물며 고교 3년 동안 학력은 오르기도 하고 내려가기도 합니다. 세상은 진학에 성공하면 '공부 잘하는 아이', 실패하면 '공부 못하는 아이'로 보기 일쑤지만 실제로는 양쪽이 그리 다르지 않습니다. 세상이 그렇다고 말해도, 적어도 여러분은 그런 식으로 서로를 가르지 않았으면 좋겠습니다.

교토대에 들어온 학생 중에는 고교를 중퇴했다가 나중에 마음을 고쳐먹고 검정고시를 치르고 들어온 사람도 있습니다. 특별히 유명 학교에 들어가지 않아도 됩니다. 어떤 고등학교에 다니든, 혹은 고등학교에 가지 않더라도 대학 입시를 치를 수 있습니다. 게다가 고등학교나 대학에 가지 않은 훌륭한 사람은 얼마든지 있습니다. 그러나 말하기는 쉬워도 그러한 길을 선택하는 데는 상당한 용기가 필요하고 자신에 대한 믿음이 있어야 하지요. 그 때문에 평범하게 그냥 좋은 고등학교나 대학에 들어가자고 생각하는 것입니다. 그러나 가령 그런 학교에 들어가지 못했다 해도 길은 얼마든지 있다는 사실만큼은 마음속에 담아 두길 바랍니다.

물론 생각했던 대로 순조롭게 합격하면 그것은 곧 자기만의 자신감이 됩니다. 반면 실패하면 자신을 한심하게 생각하게 되지요. 그런 심리적 효과는 이후의 생활에 큰 영향을 미칩니다. 합격이나 불합격이냐, 그것 자체는 대개 실질적인 영향을 미치지 않습니다. 분명 '명문고'에 들어가면 '명문대'에 들어갈 가능성은 높아지지만, 그렇다고 자동으로 쉽게 들어가게 되는 것도 아닙니다. 그저 '개구리가 울면 비 내릴 가능성이 높다'는 정도로, 결코 개구리가 비를 불러오는 것은 아닙니다.

단, 심리적인 문제는 있습니다. 유명 고교에 들어가면 선배들 가운데 '저래도 그 대학에 들어갔구나' 하는 사례를 직접 눈으로 보고 알게 됩니다. 그러면 '어쩌면 나도 합격할 가능성이 있겠다'며 심리적으로 안정감을 얻는 강점이 있습니다. 그와 반대되는 경우도 있어서 '저런 우등생도 합격하지 못하다니!' 하는 사례도 있기에, 그중 어떤 경우를 보게 되느냐 정도의 차이는 있을지 모릅니다.

입시가 심리적인 요인으로 좌우되는 것은 어쩔 수 없는 일입니다. 예를 들자면, 실력이 80점인 사람이 60퍼센트의 힘을 내면 48점, 실력이 70점인 사람이 70퍼센트의 힘을 발휘하면 49점, 뭐 이런 식이 됩니다. 따라서 불안해하며 안 된다고 생각할 것인지, 그래도 어떻게든 해낼 수 있을 것이라고 생각할 것인지는 사람마다 제각기 다릅니다. 단, 후자와 같은 마음가짐이 합격하기 쉬운 것은 사실입니다.

어차피 누구든 절대적으로 안전하지 못합니다. 시험뿐만이 아니라 인생의 전환기에는 절대적으로 안전하다고 말할 수 없는 일이 많

틀려도 좋지 않은가

은 것이 사실입니다. 그러니 뭐든 해보는 수밖에 없습니다. 그래서 입시는 '머리'로 치르는 것이 아니라 '배포'로 치르는 것이라고 말하기도 합니다. 만일 당신이 마음이 약해서 고민이라도 너무 걱정하지 마세요. 사실 대부분의 학생들이 당신처럼 약한 마음으로 고민하고 있으니까요. 그래 봤자, 어차피 인생에 흔히 있는 불안들 가운데 하나입니다. 가급적이면 순조롭게 잘 헤쳐 나가는 것이 좋습니다.

여하튼 긴장하지 않고 '고작 입시 정도로 어떻게 되지는 않는다'는 마음을 가지는 편이 입시를 원만하게 풀어 나갈 수 있습니다. 심각해질수록 통과하기 어려워집니다.

사실상 그만큼 심가해할 일도 아닙니다. 합격하지 못해도 그것으로 인생이 캄캄해지지는 않습니다. 그저 주위가 어두워졌다고 느끼는 심리에 당신이 얼마만큼 저항할 수 있는가가 문제입니다. 즉 심각해지기 쉬운 일에 얼마만큼 마음 편안하게 대처할 수 있는지가 승부의 핵심인 것이지요. 그리고 마음을 명랑하게 가지면 운명의 여신도 미소를 보내 줄 것입니다.

합격은
꼴찌로 해도 좋다

그래도 어떻게든 지망하는 학교에 들어가야만 하고, 더욱이 그것을 완벽하게 확실한 것으로 만들려면 재미없게 노력해야 하는 부분도 있습니다. 본디 이런 일에 '완벽한' 것은 없지요. 따라서 합격하기만 하면 되고, 꼴찌로 붙어도 충분합니다. 수석 합격을 했다고 뭔가 더 좋은 것은 없습니다. 그저 잠시 기분이 좋을 뿐이지요.

입시를 위해서는 닥치고 모조리 소화해야 한다고 말하지만, 사실 그렇지는 않습니다. 합격점에 이르는 정도로 공부하면 되는 것이기에 한결같지 않아도 상관없습니다. 극단적인 예로, 중학교 2학년까지 철저히 학업에 몰두했다가 3학년이 되어 이성 친구를 사귀느라 공부는 손도 대지 못했다고 가정해 보지요. 그래서 고교 입시에서 중학교 2학년까지 배운 문제는 모조리 풀고 중학교 3학년 과정에서 출제된 문제는 풀지 못했습니다. 물론 이런 일은 드물겠지만, 가령 그런 입시생이 있다고 한다면 대략 85점은 받을 수 있습니다. 85점쯤 받으면 일단은 고등학교에 진학할 수 있습니다.

일부러 극단적인 예를 들었는데, 입시를 위해서는 골고루 공부하지 않아도 됩니다. 사람마다 제각기 다르기에 꾸준히 구석구석 공부하는 것에 능한 사람도 있겠지만, 자신이 잘하는 부분만으로 점수를 받는 사람도 있습니다. 어느 쪽이든 모두 100점을 받을 필요는 없기에 점수를 받을 수 있는 곳에서 점수를 받으면 됩니다. 그리고 전체를 대충 이해하는 것보다는, 절반을 분명히 이해하고 나머지 절반은 모르는 편이 점수를 받는 데는 유리하지 않을까요.

고교 입시가 아니라 대학 입시가 되면, 일본의 경우 해답이 아닌 풀이 과정의 세세한 부분에서 2, 3점이 감점되는 방식으로 채점이 이뤄집니다. 수험생은 이런 점을 신경 쓰게 마련이지만, 사람에 따라서는 그런 것은 전혀 개의치 않고 2점 정도의 감점을 각오하고 답안을 작성하기도 합니다. 그러는 편이 전체적인 점수는 좋습니다.

입시는 개성을 죽인다고 말합니다. 하지만 개성으로 승부하는 방법도 있습니다. 본디 정원을 정해 놓고 경쟁적으로 치르는 시험이기에 통과하는 사람도 있고, 탈락하는 사람도 있습니다. 그러니 통과하기 위해서는 남과 같아서는 안 됩니다. 남과 달라지는 데는 대략 두 가지 방식이 있습니다. 남과 같은 방식으로 하는 것, 남과는 다른 자기 나름의 방식으로 하는 것.

남과 같은 방식으로 다른 점을 부각시키려면 다른 사람보다 더 분발하는 수밖에 없습니다. 나는 분발하는 것에 약하지만, 분명 온 힘을 다하여 노력하는 것을 좋아하는 사람도 있습니다. 그러나 노력하는 것이 싫다면 남과는 다른, 자신에게 맞는 방식을 찾아야 합니다. 물론 그것은 자기 스스로 찾아내는 수밖에 없습니다. 누구에게나 통용되는 것이라면 모두가 할 테니, 결국 노력 경쟁이 되어 버립니다.

사실 고교 입시에서는 아직 개성이 통하지 않는 부분이 많습니다. 그러나 대학 입시가 되면 충분히 각자의 개성을 살릴 수 있습니다. 그리고 똑같이 대학에 들어갔어도 개성으로 승부하여 합격한 경우는 대학에 들어간 이후에도 힘이 됩니다. 장래를 생각한다면 똑같은 합격이라도, 조금은 남과 다른 방식으로 합격하는 것이 미래에 보탬이 됩니다.

입시가 경쟁시험인 것은 어쩔 수 없습니다. 경쟁이기에 타인이 신경 쓰이는 것도 당연합니다. 다만 신경 쓰이는 타인과 같은 방식으로 할지, 다른 방식으로 할지는 자신의 개성에 따라 선택하는 수밖에 없습니다. 대개 타인과 다른 것은 불안하기에 타인과 같아지려고 합니다. 하지만 완전히 같으면 합격할 수 없다는 것을 잊지 마세요.

여러 차례 말했지만, 경쟁시험이라고 해도 합격 순위를 다투는 것은 아닙니다. 아슬아슬하게 합격선 안에만 들면 되기에 지나치게 타인을 의식하는 것도 실은 쓸데없습니다. 조금이라도 더 좋은 점수를 받으면 되는 것이지, 100점을 목표로 할 필요는 없습니다. 즉 자신의 능력에 비하여 점수를 조금 더 잘 받으면 되는 것입니다.

분명 100점을 받으면 기분 좋고, 설령 다음에 60점을 받아도 평균 80점은 나올 테니 마음도 편할 테지요. 하지만 자신이 잘하는 과목으로 점수를 받을 수 있다면 잘하지 못하는 과목의 점수가 다소 나빠도 괜찮습니다. 그렇게 생각하는 여유가 입시에도 좋은 결과를 가져올 수 있습니다.

쓸데없이,
무리하여,
하고 싶은 공부만 하기

입시를 위해서는 일절 허튼짓은 하지 말고, 골고루 공부하고, 무리해서는 안 된다는 말은 사실이 아닙니다.

지금까지 말했듯이, 자신에게 맞춰 집중해야 할 부분이나 공부법을 확립하는 것이 득점으로 이어집니다. 수학의 경우, 대수는 물론 기하도 잘하는 사람이 있는가 하면, 어느 한쪽에서 두드러지는 사람이 있습니다. 대담한 사람 중에는 아예 기하 논증은 포기하고 운이 좋으면 점수를 받는다는 식으로 수험을 준비하는 사람도 있습니다. 물론 기하 논증으로 점수를 버는 방식도 있습니다. 자신의 개성이 허용하는 범위에서 집중할 교과목이나 내용을 공부하면 됩니다.

다음으로 '무리'가 있습니다. 시험에는 시간제한이 있습니다. 진짜로 좋은 문제라는 것은 충분한 시간을 들여서 가급적이면 평생토록 생각할 가치가 있는 문제이지만, 시험에는 그런 문제는 출제되지 않습니다. 따라서 제한된 시간 안에 답을 제시해야만 하지요. 이것은 조금 마음에 들지 않지만 제도이기에 어쩔 수 없습니다. 그리고 시험 시간 중에는 집중하지 않으면 안 됩니다. 따라서 일시적이기는 하지만, 꽤 무리하게 되지요. 입시 당일만이라도 좋으니 무리해야 합니다. 그러나 그것은 상당히 피로한 일입니다. 정신적 피로도 있겠지만 실제로 두뇌를 혹사시킵니다.

따라서 필요할 때 얼마든지 무리할 수 있도록 평소부터 단련해 두면 좋습니다. 하룻밤을 지새우는 정도의 공부로는 아무것도 익힐 수 없지만, '무리할 수 있는' 능력을 키워 주는 훈련은 됩니다. 그런 의미에서 평소에 예습, 복습 같은 안정된 공부뿐 아니라 무리하는 공부도 익혀 두면 수험에 강해집니다. 예컨대, 여름방학 숙제를 충분한 여유를 가지고 하는 것이 아니라 개학하기 하루 이틀 전에 밤을 지새우며 해치우는 방법으로 하는 것입니다. 이것으로 무리하는 능력을 키울 수 있습니다.

공부가 아니라도 무언가에 열중할 때 인간은 무리하게 됩니다. 중학생 무렵에는 별이나 벌레에 몰두하기도 합니다. 그것을 '수험을 방해하는 것'으로 여기고 배제하기 십상이지만, 그런 것에 열중하는 경험은 무리할 수 있는 체질을 만듭니다. 무엇보다 중학교 3학년이되어 입시가 코앞으로 임박해 오면, 잠깐의 휴식 시간에도 금욕적이되지 않으면 안 됩니다. 그때 금욕하기 위해서는 중학교 2학년 즈음까지 충분한 자유를 만끽해 두는 것이 좋습니다. 이런 것들은 시험을 치르는 데 쓸데없다고 생각하기 일쑤지만, 가급적 평소에 쓸데없는 일을 익혀 두어야 실제 시험에서 힘을 발휘합니다.

시간이라는 문제에 있어서도 역시, 문제 풀이 시간에 제한이 없을 때에 시간을 무시하고 철저히 생각하는 경험을 가지지 않으면 시간을 정복할 수 없습니다. 늘 시간을 신경 쓰는 것은 시간에 지배당하는 것입니다. 한번쯤은 시간 따위는 신경 쓰지 않고 무언가를 하는 경험을 함으로써 시간을 정복할 수 있습니다.

이른 시기부터 쓸데없는 짓을 하지 않는 생활을 하려 하면 그런 강박관념이 자신의 몸을 다그쳐 점차 여유가 없어집니다. 실제 입시가 다가오는 무렵에 집중력을 발휘하기 위해서라도 가급적 평소에 쓸데없는 경험을 저축해 두는 것이 좋습니다. 입시를 치를 때는 여하튼 합격점을 받아 지망하는 학교에 들어가야 하기에, 쓸데없는 짓은 감당할 수도 없습니다. 따라서 그 이전 단계에서 쓸데없는 것을 저축해 둘 필요가 있습니다.

무리하지 않고 쓸데없는 것을 배제하고 골고루 공부하는 것은 철저한 계획에 따르는 효율적인 이야기입니다. 수험 준비라도 그 기

틀려도 좋지 않은가

초는 학문을 공부하는 것이고, 학문의 문화라는 것은 무리하여 쓸데 없는 것을 공부하고 자신이 잘하는 분야에 몰입할 때 비로소 생겨 나는 것입니다. 따라서 그런 것들을 어떻게 수험생활 속에서 조합해 가는가가 상당한 결정타가 될 것입니다.

수험이라는 것은 '첫째는 요령, 둘째는 배짱, 셋째도 넷째도 다섯 째도 운'이라고 합니다. 정해진 길에서 정해진 계획으로 '무리하지 않고 쓸데없는 짓 하지 않고 골고루 평탄하게'라는 것과 애초에 어 울리지 않는 측면이 있습니다.

실제 입시에서 발휘되는 배짱에 대해서는 사람마다 다르기 때문 에 단정적으로 말하기 힘들지만, 늘 낙관적인 것이 좋습니다. 시험 문제가 어려울 때는 '아싸, 이 문제는 다른 친구들도 못 풀겠다'고 생 각하세요. 그리고 시험 문제가 쉬울 때는 '아싸, 이거 내가 풀 수 있 겠다'고 생각하세요.

이것은 특별히 입시에만 국한된 얘기가 아닙니다. 모든 일에는 대개 좋은 면과 나쁜 면이 있습니다. 가급적 좋은 면에 시선을 두면 낙관적이 될 수 있습니다. 언제나 나쁜 면만을 보면 비관적이 되고 말지요. 그리고 낙관적으로 있을 때 운도 따르게 마련입니다.

중학교 2학년 무렵이었던가요. 배속 장교들의 모임이 학교에서 있었습니다. 조례 시간에 '창밖으로 내다보는 것은 예의에 어긋나는 일이니 하지 말라'는 주의를 들었지만 그런 말을 들으면 괜히 더 내다보고 싶은 법이지요. 그래서 아이들은 죄다 창가에 매달렸습니다.

가장 행동이 굼떴던 나를 제치고 친구들은 이미 밖이 잘 보이는 장소를 차지했습니다. 어쩔 수 없이 나는 무거운 나무상자를 교실 안으로 끙끙거리며 끌고 와 거기에 올라서서 간신히 친구들 어깨너머로 밖을 내다볼 수 있었습니다.

그런데 "왔다!" 하는 소리와 함께 아이들은 쏜살같이 도망쳤습니다. 배속 장교가 교실에 온 것입니다. 운동신경이 둔한 나는 나무상자에서 뛰어내리지 못하고 그 위에서 엉거주춤 서 있다가 잡히고 말았습니다. 그때 배속 장교는 '따귀라도 한 대 갈기고 용서해 줄까 했는데, 도망도 못 가고 우스꽝스러운 몰골로 내려오지도 못한다'며 가방 안에서 꺼낸 검은 수첩에 나의 이름을 적었습니다. 그것은 내가 군인이 되면 평생토록 나를 따라다닐 '꼬리표'였던 것 같았습니다.

다행히 내가 군인이 되기 전에 전쟁이 끝나서 그것이 딱히 효력을 발휘하지는 못했습니다. 다만 고등학교에 올라가 교련 시간에 이상한 일을 겪었습니다. '정신 바짝 차리라'는 훈계를 들었을 때, '정신 정도는 차리겠지만, 마음속으로 무엇을 생각하는지도 모르는 이 바보가 무슨 소리냐'며 내심 빈정거렸습니다. 그런데 몇 백 명이나 되는 학생 중에서 굳이 내 앞까지 일부러 걸어온 배속 장교는 내게 '네가 가장 나쁘다'고 말했습니다.

독심술이었던 걸까요? 어쩌면 그 '꼬리표'가 효력을 발휘한 것인지도 모릅니다.

당신이 지켜야 하는 비밀을 가졌을 때,
그 무게를 지탱해 주는 것은 이 작은 은신처입니다.
당신이 자신의 고독을 쌓아 두는 곳도 바로 이 작은 은신처입니다.
마음속에 자신이 숨어들 수 있는 장소를 만들어 보세요.
자신을 지키는 것이야말로 무엇보다 중요한 일이니까요.

4장.

나만의
은신처

당신은
자살을 생각한 적이
있나요

청소년의 자살이 사회문제로 이야기되고 있습니다. '인간의 생명에 대하여 깊이 생각하지 않는다'며 고압적으로 말하는 사람도 있습니다. 나의 중고등학교 친구 중에도 자살한 사람이 있습니다. 그들이 인간의 생명에 대하여 고민하지 않았다고는 생각하기 어렵습니다. 오히려 인간의 생명에 대하여 생각에 생각을 거듭하고 끝내 죽음을 선택했을 것입니다. 그런 친구들과 지금도 이야기를 나누고 싶지만, 유감스럽게도 그들은 이미 이 세상에 없습니다. 그것이 몹시 분하지만, 그들을 비난할 마음은 없습니다.

　게다가 이런 시대에 자살에 대하여 생각하는 것은 그리 자연스

틀려도 좋지 않은가

럽지 못한 일도 아닙니다. 굳이 말해 나는 낙천적인 기질의 사람입니다만, 그런 나조차도 젊을 때 한두 번은 자살을 생각했습니다. 물론 일부러 자살에 대하여 생각해 보라고 권하는 것은 아닙니다. 하지만 마음 어딘가에서 자살을 생각했다고 해도 결코 특별할 것은 없습니다. 오히려 그것은 젊음의 한 가지 모습입니다. 그래도 나는 당신이 자살하지 않기를 바랍니다. 살아간다는 것도 꽤 신나는 일이기 때문이지요.

나는 자살 시도 같은 것은 해본 적도 없고 지금 이렇듯 살아서 이 글을 쓰고 있습니다. 어째서 시도조차 하지 않았는가 하면, 딱히 자살할 계기가 없었기 때문입니다. 역시 자살은 어떤 계기가 없으면 할 수 없지요. 그리고 그 계기라는 것은, 학교에서 선생님에게 꾸중을 들었다거나 집에서 부모와의 관계가 틀어졌다거나 친구와 티격태격했다거나 하는, 대개 '인간의 생명'이라는 철학적 주제에 비하면 하잘것없는 것들입니다.

이런 아무래도 좋은 문제로 자살한다면 자신이 너무 비참합니다. 이렇게 인생이라는 큰 문제와 자살을 시도하는 작은 계기의 차이가 나를 자살에서 멀어지게 했습니다.

자살한 나의 친구에게는 그 계기가 무엇이었는지, 나는 도저히 알 수 없습니다. 아나톨 프랑스Anatole France는 '길가의 흰 꽃을 보는 것만으로도 인생을 살아갈 가치가 있다'고 한 누군가의 말을 인용하면서 '그 흰 꽃이 보이지 않는다'며 고민했지요. 하지만 흰 냉이꽃이라면 어디서든 볼 수 있습니다. 인생이라는 문제에서 이런 길가의 냉이꽃은 결코 작은 것이 아닙니다. 그러나 그것을 볼지 말지, 그것에 목숨을 바칠 가치가 있는지 없는지, 나는 잘 모릅니다. 하지만 적어도 학교나 가정에서 벌어지는 옥신각신은 그보다는 훨씬 작은 문제입니다. 그런 작은 문제 때문에 죽다니 비참하지 않을까요?

살아가는 동안에 여러 가지 일이 벌어집니다. 그것은 자신을 주인공으로 한 드라마 같은 것이지요. 수많은 사건이 있기에 이 드라마는 의미가 있습니다. 무엇보다 이 드라마의 결말인 죽음은 갑작스럽게 찾아옵니다. 어느 누구도 드라마의 마지막을 계획하고 연출할 수는 없습니다. 자살조차도 스스로 연출한 것은 아닙니다. 죽음의 신이 자살이라는 종말을 이 드라마에 안겨 주었을 뿐입니다.

꽤 많은 젊은 사람이 죽음의 의미에 대하여 생각하고 있습니다. 죽음이라는 문제에서 벗어나서는 삶도 없는 것이기에, 이런 것을 생각하는 것은 곧 '생명에 대하여 생각하는' 것이기도 합니다. 이때 적어도 죽음을 선택하는 이유를 부모나 교사나 친구와 같은 타인의 탓으로 돌려서는 안 됩니다. 고작 타인 때문에 자살을 해서야 되겠습니까? 죽음의 신의 꼬임에 넘어갔든 어쨌든 스스로 죽음을 선택한 것이기에 그 이유는 오직 자신에게 있습니다.

그래도 만일 당신에게 자살한 친구가 있다면 그를 비난하지는

틀려도 좋지 않은가

말아 주세요. 그것은 당신이 살아갈 것을 선택한 것과는 또 다른 이 야기입니다. 만일 타인을 슬프게 하려고, 또는 무언가에 부아가 나 서 죽음을 선택했다면 분명 어리석은 일입니다. 그런 사람을 위하여 눈물을 흘릴 필요는 없습니다. 그러나 그들의 어리석음을 애처롭게 는 생각하기를 바랍니다.

'자살해서는 안 된다'고 말하기는 참 간단하지만, 그리 효력이 있 는 말은 아닙니다. 다소 이야기가 장황해졌지만 인간의 생사라는 것 은 역시 간단하지 않습니다.

학교에 가기
싫을 때

학교에 가는 게 너무 싫을 때가 있습니다. 나도 자주 그랬습니다. '학교는 반드시 가야 하는 곳이다'라고 생각할수록 더 싫어집니다.

옛날 오사카의 센바(오사카 시 도심) 부근에선 집안 행사로 연극을 보러 갈 때면 태연히 학교를 빠졌습니다. 지금은 도저히 그러지 못하지만, 그런다고 해도 나쁘지 않을 것 같습니다. 옛날 오사카 상인에게는 개인적인 집안 행사를 공적인 학교보다도 중시하는 마음이 있었습니다.

내가 '수학소년'이었을 무렵에는 잠도 자지 않고 무언가를 생각하거나 무언가를 한 적도 있습니다. 그러면 그다음 날에는 학교를 쉬었습니다. 학교를 쉬면 학교에 가는 것 이상으로 스스로 납득할 수 있는 충실한 하루를 보내야 한다는 생각을 나는 가지고 있었습니다. 모처럼 학교를 쉰다면 스스로 납득이 되는 방식으로 쉬고 싶었습니다.

출석일수라는 것도 있고, 친구를 만나지 않으면 외롭기도 하여 중학생 무렵에는 뻔뻔한 학생이었던 나도 학교에 가는 것이 보통이었습니다. 그런데 도저히 가지 않으면 안 되는 날에 시간표가 마음에 들지 않는 경우가 있습니다. 그때는 가급적이면 다른 목적에 마음을 두었습니다. '친구와 이야기할 것이 있으니 학교에 가자. 그 김에 수업도 듣고 조금은 공부도 하자'는 정도의 마음가짐을 가졌습니다. 그 편이 아마도 학교 수업을 신성시하는 것보다 학교에 가는 발걸음을 가볍게 만들었을 것입니다.

수업도 싫다고 생각하고 들으면 점점 싫어집니다. 수업 외의 것, 예컨대 선생님의 얼굴에 사마귀가 있다면 그것을 관찰해 보세요. 여러 선생님을 주인공으로 한 드라마를 만들기도 합니다. 그런 식으로 즐기면서 수업에 참여해 보세요.

내가 가장 싫었던 과목은 군사교련이었는데, 수업에 참여하지 않으면 낙제를 당했습니다. 그렇다고 교관에게 그대로 굴복하면 시시한 느낌이 들어서 마음속으로 상대를 경멸하는 것으로 어떻게든 정신적인 균형을 유지하려고 무진장 노력했습니다.

'학교 같은 건 아무것도 아니야. 그보다는 오늘 하루를 내가 충실히 살아가는 게 훨씬 중요하다'고 생각하는 게 좋을 것입니다. 당장 그런 마음이 되지 못한다면 하루쯤 학교를 쉬어 보는 것도 좋겠지요. '그런 이유로 학교를 쉬다니……'라고 말하는 사람이 있다면, '몸이 안 좋으면 학교를 쉬는 것처럼 마음이 안 좋을 때 쉬는 것도 나쁘지는 않다'고 말하세요.

그러나 그것은 학교에 대한 마음을 다시금 우위에 두기 위한 것임을 잊지 마세요. 학교를 하루 쉰 것이 그대로 마냥 이어진다면 그것은 당신이 학교에 굴복한 것이나 진배없습니다. 대학생이 되면 학교를 쉴 여지가 커지지만, 요즘 대학생은 일단 쉬기 시작하면 그대로 학교에 오지 않는 일이 많아 참으로 난감합니다. 학교에 갈 것인지 말 것인지는 자신의 문제로, 스스로 결정하게 된다면 가장 좋습니다. 그러나 마냥 쉰다면 그것은 당신의 패배입니다.

여하튼 고작 학교 같은 것을 위하여 자신의 청춘을 짓이기는 것은 아깝습니다. 당신이 이 하루를 충실히 살아가느냐 마느냐가 학교에 갈 것인가 말 것인가 하는 것보다 훨씬 중요합니다. 그리고 가능하다면 학교에서 겪는 다소 꺼려지는 일을 정복하는 것도 삶의 한 가지 즐거움으로 삼아 보기를 바랍니다. 그런 마음으로 생각해 보면, 그 꺼려지는 부분이라는 것도 인생의 중요한 일들에 비하면 보통은 대단치 않습니다. 그런 작은 일들 때문에 학교를 쉬는 것은 분

틀려도 좋지 않은가

하다는 이유로 홀가분하게 가보는 것은 어떨까요?

고작 학교에 갈 것인지 말 것인지를 가지고 '등교 거부'라니 호들 갑스럽습니다. 노동자도 쉴 권리가 있으니 중학생에게도 쉴 권리가 있다고 생각하면 그뿐입니다. 그리고 학교를 쉬든 가든, 그것은 자기 자신이 오늘 하루를 위해서 선택하면 될 일입니다.

작은
은신처

자신을 지키기 위해서는 자신만의 장소를 가지는 것이 좋습니다. 자신만의 장소라는 것은, 부모님이 마련해 준 공부방을 말하는 것이 아닙니다. 굳이 실제 공간이 아니어도 좋습니다. 마음속에 자신이 숨어들 수 있는 작은 은신처를 만드는 것만으로 좋습니다.

인간은 살아가는 동안 늘 몇 가지의 고독을 필요로 합니다. 본디 인간의 본성 중에 고독이 있다고 말할 수도 있는데, 그 고독을 확인하기 위한 혼자만의 장소가 필요합니다. 그런 고독을 가지지 않는다면 그것이야말로 최고의 고독으로, 잘못하면 자살로 이끌려 가게 됩니다. 인간의 죽음, 그것은 무엇보다 고독한 것이니까요. 인간은 누

틀려도 좋지 않은가

구나 죽을 때는 외톨이입니다. 동반자살이라는 것은 그 고독을 속이려는 의식에 지나지 않습니다. 따라서 살아 있는 가운데 자신의 고독을 조금씩 음미하는 게 좋습니다.

《백설공주》 최초의 이야기에서는 '거울아, 거울아'라고 묻는 마녀가 계모가 아닌 친모였다고 합니다. 참으로 무서운 이야기입니다. 그리고 숲으로 갔던 백설공주가 작은 움막에서 일곱 난쟁이와 만나는 것도 상징적으로 볼 수 있을 것입니다. 난쟁이와 만났던 작은 은신처, 어린아이에게는 그런 곳이 없어서는 안 됩니다.

일본에서는 마음속에 비밀을 가지는 것을 매우 나쁜 일처럼 말합니다. 어떤 비밀도 없이 활짝 열린 마음을 좋은 것처럼 말합니다. 하지만 인간이라면 오히려 마음속에 얼마만큼은 비밀을 가져야 하는 것이 아닐까요. 그것을 무거운 짐으로 느껴 타인에게 털어놓고 싶은 것은 자신의 마음이 약하기 때문일 것입니다. 예컨대 학교의 학생회 선거는 원칙적으로 비밀투표가 대부분입니다. 비밀투표라는 것은, 비밀로 해두는 게 좋다는 것이 아니라 비밀로 해야만 한다는 것입니다. 어른들의 선거에서도 자신이 누구에게 투표했는지 이야기하는 사람이 있는데, 그것은 좋지 않습니다.

만일 억지로 비밀을 털어놓도록 강요하는 상대가 있다면, 거기에는 거짓으로 답하면 됩니다. 비밀을 지키는 것은 거짓말을 하는 것보다 상위 윤리에 속합니다. 살아가는 동안에 자신의 마음을 속일지 상대를 속일지, 어느 쪽을 선택해야만 하는 일이 있습니다. 이때 상대를 속이는 것보다는 자신을 속이는 것이 손쉬운 길이지요. 그러나 그런 경우에는 자신을 속이기보다는 상대를 속이는 쪽을 선택해야만 합니다. 자신을 지키는 것이 무엇보다 중요한 일이기 때문이지요.

솔직히 털어놓는다는 것은 지적 태만이라고 생각합니다. 환자에게 병세를 어떻게 말해야 할지, 의사가 환자와의 관계를 토대로 판단해야 합니다. 타인과 관계를 맺는 것은 이런 의사의 입장에 놓이는 것에 가깝습니다. 상대를 관찰하고 자신이 책임지고 판단하는 일 없이 늘 솔직히 털어놓는다면 이보다 편한 일은 없을 것입니다.

그 무엇보다도 자기 자신에 대해서 충실해야 합니다. 따라서 자신만큼은 절대 배신해서는 안 됩니다. 그러므로 자신만의 작은 은신처는 타인이 마련해 주는 것이 아니라, 자기 스스로 만들어야 하는 것입니다. 그런 고독의 비밀장소를 자기 마음속에서 소중히 생각해 주세요. 당신이 지켜야 하는 비밀을 가졌을 때, 그 무게를 지탱해 주는 것은 이 작은 은신처입니다. 당신이 자신의 고독을 쌓아 두는 곳도 바로 이 작은 은신처입니다. 그곳에서는 일곱 난쟁이들이 당신을 위로해 줄 것입니다.

요즘 세상은 솔직한 것이 좋다고 칭찬하면서 비밀 따위는 가지지 말라고 하기에 이런 은신처의 구축을 소홀히 합니다. 그래서 이

틀려도 좋지 않은가

은신처로 도망쳐 난쟁이들과 대화를 나누기가 어려워졌습니다. 그 때문에 사상연실의 죽음이나 비밀 같은 것에 틀어박혀서 문을 걸어 잠그는 일이 증가하는 것일지 모릅니다.

'마음의 문을 닫는 것'은 최후의 수단이고, 그것은 '정신적인 자살'에 가깝습니다. 자폐적인 경향의 증가라는 것은 이런 이유에서 오는 것인지도 모릅니다. 이 닫힌 마음의 방에는 이제 난쟁이는 나타날 수 없습니다. 그곳은 죽음의 방입니다.

지금을 살아가기 위하여 자신만의 작은 은신처를 마음 한구석에 만들어 보세요. 그리고 난쟁이들과 시시덕거리며 놀아 보세요.

남녀의
사교를 권함

사람에는 남자와 여자가 있습니다. 사람은 가뜩이나 다양한데, 다시 남자와 여자로 나뉨으로써 이 세상은 더욱 복잡해졌지만 그래서 재미도 있습니다. 특히 남자의 세계, 여자의 세계가 따로따로 갈려 있지 않아서 좋습니다. 남자와 여자가 뒤섞여 있어서 재미있습니다.

세상은 남자는 '남자답게', 여자는 '여자답게'라는 틀을 지나치게 준비해 두고 있지만 어릴 때는 그다지 또렷한 차이를 보이지 않습니다. 물론 그래도 약간의 차이는 있기에 의식하지 않을 수는 없습니다. 특히 사춘기가 되면 이성에 대한 관심은 더욱 강해집니다. 섹스라는 미지의 영역이 존재한다는 것을 알게 되고, 그러지 않아도 미지에 대한 호기심이 왕성한 시기에 당연히 신경이 쓰입니다. 섹스에 대하여 고민한다고 해서 특별히 당신이 에로틱한 인간이라는 의미는 아닙니다.

성풍속이라는 것은 시대에 따라 달라지는 것이라서 일반적으로 말하기는 어렵습니다. 성을 체험하는 연령이나 성에 관한 의식을 가지는 것에 대하여, 예컨대 '중학생은 이래야 한다'는 분명한 논거를 주장하거나 토론이 벌어질 것 같지도 않습니다. 내가 어릴 적은 남녀가 각기 다른 학교에 다녔던 시대라서 오히려 굴절된 방식으로 섹스를 의식했습니다.

그 시절, 에로틱한 이야기를 해도 매우 자연스러워 싫지 않았던 어른이 있었습니다. 에로틱한 이야기를 품위 있게 말하는 어른, 나는 그 모습을 동경했습니다. 성이 금기시되는 사회에서는 에로틱한 이야기가 화제에 오르면 자칫 외설이 되어 버립니다. 나의 소년 시절은 꽤 외설 지향이었는데, 일찌감치 그것을 졸업하여 품위 있게 에로틱한 화제를 말할 수 있는 '어른'이 되고 싶었습니다. 그런데 요즘 대학생들의 친목회에 가보면 여전히 외설 단계에 머물러 있는 것 같습니다.

외설은 성의 금기나 억압과 관계있는 것입니다. 섹스가 존재하는 것은 틀림없는 사실이기에 그것이 존재하지 않는 듯 행동하면 억압이 됩니다. 얼핏 '고상한' 듯 보여도 그런 억압의 근원에 있는 것은 역시 부자연스러움입니다. 그러한 억압의 반동으로 일부러 섹스를 드러내려고 합니다. 그런 외설스러운 소년기를 일찌감치 졸업하는 게 좋을 것입니다.

결국 섹스에 관심을 가지는 것은 두려워해야 할 일이 아닙니다. 오히려 그것이 억압되지 않도록 해야 외설 단계를 졸업할 수 있습니다. 내가 어릴 적과 비교하면, 요즘은 이른 시기에 졸업할 법도 한데 여전히 외설 수준에 머무는 것은 바람직하지 않습니다.

사랑이 마음을 사로잡는 시기, 그것은 사람마다 제각기 다릅니다. 일생 동안 여러 차례 사랑에 빠지는 인간도 있고, 일생토록 사랑과는 무관하게 살아가는 사람도 있습니다. 그 어느 쪽이 좋은지 혹은 나쁜지 말해도 쓸데없습니다. 중학생에게 사랑은 아직 이르다고 생각하기도 하지만, 초등학생이든 노인이든 사랑에 빠질 때는 빠지고 맙니다.

아직 본 적 없는 사랑을 동경하는 심정으로 '사랑을 사랑하는' 일도 사춘기에는 때때로 있습니다. 특히 당신이 로맨틱한 성격이라면 더욱 그럴지 모릅니다. 이것도 좋든 싫든 어쩔 수 없는 일입니다. 너무 낭만적이라 사랑이 오기만을 오매불망 기다리는 사람은 지금 시대에는 그다지 많지 않을 것이라 생각하는데, 그것도 나쁘다고는 생각하지 않습니다. 낭만이라는 것도 사람마다 제각기 다릅니다. 분명히 연애라는 것은 사람의 마음을 사로잡는 것이기에 다른 일, 예컨대 공부가 손에 잡히지 않을 가능성도 있는데 그렇게 된다면 주위가 무슨 소리를 해도 아무 소용이 없습니다.

그렇다고 이성을 성의 대상으로만 보는 것 또한 곤란합니다. 그런 식으로만 생각하면 인간관계가 극도로 한정됩니다. 내가 어릴 적에는 남자 아이는 남자끼리, 여자 아이는 여자끼리 놀도록 세상이 강요했습니다. 그래서 서로가 무관심한 척하면서도 은근히 반짝이는 눈빛을 주고받는 면이 있었습니다. 하지만 지금은 그런 시대가 아닙니다. 남자나 여자로 나누지 않고 가능하면 친구로서 뒤섞여 있는 게 건전합니다.

사교 모임은 대개 '이성 교제'를 중요하게 생각합니다. 이것은 사교의 전형이라고 할 수 있습니다. 물론 사교라도 이성 간의 관계만 있는 것은 아닙니다. 게다가 남자나 여자를 구하기 위하여 사교를 이용하는 건 올바르지 않습니다.

사교 모임에는 대개의 집단이 추구하는 목적이 없습니다. 구태여 말하자면 그 집단 자체가 즐거움으로, 그것만이 목적입니다. 목적이 없기에 무언가를 향해 일치단결할 필요도 없습니다. 사교에 참가하는 사람들이 모두 같다면 재미없습니다. 별난 사람이 있는 게 좋습니다. 희귀한 것을 보여 주면 다들 기뻐합니다. 모임이 무너질 정도만 아니라면 가능한 한 각자 자신의 개성을 표출하는 것이 사교의 재미입니다.

모임 안에는 다시 몇 개의 소그룹이 형성되기도 하는데 그것이 굳어지면 사교가 순조롭지 못합니다. 그룹 간에는 늘 이동이 있는 것이 좋습니다. 그룹에 대한 배신이라는 개념은 사교에서 존재해서는 안 됩니다. 그룹이 대립하고 다투는 일이 있습니다만, 상대방을 철저히 이긴다면 모임은 무너지고 맙니다. 사교 모임에서는 아주 조금 이기는 정도가 가장 좋습니다. 압도적으로 이기지 않도록 억제할 필요가 늘 있는 것입니다. 진 쪽이 가급적 상처 입지 않도록 하는 것, 그것이 사교의 규칙입니다.

이렇게 보면 군대나 학교, 회사 등 인위적인 집단과 사교 모임은 꽤 대조적으로 보입니다. 자연은 오히려 사교 모임에 가깝습니다. 생물들은 서로 경쟁을 피해 공존하고 싸움을 해도 상대를 가급적 상처 주지 않으려고 합니다. 이상한 목적을 가진 생물은 사멸하기 쉽고, 여러 가지가 뒤섞여서 자연의 아름다움이 만들어집니다.

학급이라는 집단도 규율만을 생각하지 말고 좀 더 사교를 생각하면 어떨까요? 이성 교제도 중학생은 중학생 나름으로 세련된 것이 좋습니다. 내가 어릴 적에 그랬던 것처럼 남자 아이는 남자끼리, 여자 아이는 여자끼리 뭉치는 것은 야만적입니다. 자연스럽게 이성 친구를 만드는 것이 사교의 첫걸음입니다. 내가 어릴 적에는 이성 친구가 생기면 그것을 두고 외설스럽게 놀리기도 하여 깨지기 쉬웠지만, 지금은 그런 야만적인 시대가 아닙니다. 분명 중학생 무렵은 이성 간의 교제가 삐걱거리기 쉬운 시기이지만, 나름으로 잘 헤쳐 나가길 바랍니다.

중학생쯤 되는 연령대는 여성이 사교에 뛰어납니다. 그래서 중학생 학급은 여성이 리드할 때 보다 순조로운 것 같습니다. 남성은 마음이 약하여 그만큼 무리하여 상대를 밀어붙이기 십상입니다. 여기서 '남자다움'을 과시하는 것은 시시합니다. 남자의 힘에 끌리는 여자 이야기는 서부극에서나 가능합니다. 소극적으로 있는 것이 '여자답다'는 생각도 한심합니다. 또 그런 여자를 좋아하는 남자도 칠칠치 못합니다. '남자가 여자를 리드해야만 한다', 이런 것은 사교 모임에서는 성립하지 않습니다.

여성을 차별해서는 안 된다고 굳이 말로 하지 않아도 집단의 일원들이 사교의 원리를 자각한다면 사회는 순조롭게 돌아갑니다. 동성만 있는 집단도 마찬가지입니다. 그리고 사교를 배우기 위해서는 무엇보다 이성과 가까이하는 것이 좋습니다.

친구가
생기지 않는다고?

중학생의 고민 중에 가장 많은 것이 친구에 대한 고민입니다. 그런 말을 들으면 나는 '청춘이 좋다'는 심정으로 마냥 부럽기만 합니다. '마음이 서로 통했다'고 말할 수 있는 친구라니, 참으로 좋습니다. 누구나 한때 그것을 꿈꿉니다.

그러나 사실 그런 것은 없습니다. 진짜로 마음이 서로 통했다면 불쾌해지는 법입니다. 아무리 서로가 통했다고 해도 어느 정도는 어긋납니다. 타인이란 자신과 다른 마음을 가지고, 자신과 미묘하게 마음이 어긋나 있기에 의미가 있습니다. 그런 어긋남에서 인간 드라마가 나옵니다. 그런 어긋남에서 새로운 발상이 생기고 토론이 창조적으로 발전합니다. 누구도 한 사람처럼 같은 마음을 가지지 않기에 인간 세상은 의미가 있습니다.

또한 무엇이든 이야기를 나눌 수 있다는 것도 거짓말입니다. 거짓말이 아니라 해도 그렇게 무엇이든 이야기하면 자신이 사라집니다. 자신을 위하여 무언가는 마음속에 담아 두어야 합니다. 그것이 마음의 짐이 되지만, 자기 자신을 지탱해 줍니다. 이것을 무시하면, 친구로 생각했던 사람에게 배신당하는 것은 당연합니다. 서로 지나치게 밀착된 교우관계는 오래가지 않습니다. 부부나 연인 관계도 마찬가지입니다.

본래 친구라는 것은 각자 자신의 마음을 가지면서 관계를 맺는 가운데 서로를 위로합니다. 그것은 완전히 중첩되지 않고 완전히 통하지 않는다는 체념 위에 성립합니다. 만일 당신이 그런 것을 자각하지 못했어도 이미 동의한 것일지 모릅니다. 나와 타인이 각자 자신을 확립하고, 그 위에 서로 관계를 맺는 것. 그런 것에 대한 일종의 두려움이 닮은꼴 친구에 대한 꿈을 가지게 하는 것인지도 모릅니다.

내게도 그런 기억이 있습니다. 자신이 타인과 다른 자신이 되어 가는 것, 타인을 자신과 다른 인격으로 의식해 가는 것, 그런 과정의 반동으로 자신과 일체화된 타인, 친구라는 환영을 원합니다. 그것이 청춘의 한때라도 그런 환영을 가지면 행복합니다. 단, 환영은 결국 환영입니다. 그러니 친구를 갖지 못한 것은 환영을 갖지 못한 것일 뿐으로, 친구가 없다고 고민할 일도 아닙니다.

그리고 이윽고 자신과는 다른 마음을 가진 타인과 교우관계를 형성해 가게 됩니다. 그때 당신은 누구도 아닌 당신 자신의 마음을 가지고, 친구 또한 그 자신의 마음을 가진다는 것을 인정해야 합니다. 그는 당신과 다르고 마음이 어긋나기에 친구가 됩니다.

자신과 비슷한 사람과 친구가 되는 것만큼은 권하고 싶지 않습니다. 분명 자신과 비슷한 만큼 관계는 쉽게 형성됩니다. 그러나 쉽게 질리거나 간단히 싫어지기도 하는 것이 자신을 닮은 상대입니다. 자신과 성격이 다르고 생각하는 방식이 다른 상대가 친구로서는 재미있습니다. 다른 생각을 하거나 의견이 어긋나기에 관계를 맺는 의미가 있습니다. 닮은 사람보다 닮지 않은 사람을 찾아보는 게 어떨까요? 그러면 얼마든지 친구가 되어 줄 상대가 있습니다.

비슷한 동지끼리 모여 있을 때보다 오히려 위화감을 가지는 그룹 안에 있을 때 친구는 더 필요합니다. 친구를 사귄다는 것은 자신의 인격을 확립하고 타인의 인격을 인정하는 것이기도 합니다. 자신과 다른 마음을 가진 타인의 가치를 이해하는 것입니다. 타인의 마음을 소중히 여기기 위해서는 자신의 마음 또한 소중히 여기지 않으면 안 되지요.

물론 청춘기에 자신을 확립해 가는 가운데 친구를 원하고 고민하는 것은 자연스러운 일입니다. 그런 고민은 청춘기에 하기에 좋습

틀려도 좋지 않은가

니다. 친구를 만들지 못했다고 체념하고 자신의 껍질 속에 틀어박혀 있으면 안 됩니다. 열망하는 마음 없이 그저 껍질에 틀어박혀 있으면 자신을 만들어 갈 수 없습니다. 인간은 번데기 안에서 나비가 될 수 없습니다.

아래를 향하는 마음

'향하심'이라는 말은 없습니다. 하지만 '향상심'이라는 말은 왠지 '우등생'이라는 틀에 끼워 맞추려는 노력 같아서 나는 그다지 좋아하지 않습니다. 훌륭한 사람을 친구로 삼으려는 것은 이치에 맞지 않습니다. 만일 모두가 그렇게 하고자 한다면 과연 누가 누구와 친구가 되어야 할까요? 있을 수 없는 일이라는 것을 곧 이해할 것입니다. 무엇보다, 위든 아래든 분명히 정해진 것이 아닙니다.

요즘 '청소년 비행'이 문제가 되고 있는데, 나는 그 자체보다 '우등생'과 '비행 학생'으로 갈라 '저 사람은 자신과(우리와) 다르다'는 결론을 내리는 현상이 더 두렵습니다. 자신과(우리와) '다르면' 그가 어떻게 되든 상관없습니다. 예컨대 전쟁 중에 다른 나라의 사람은 '다르기에' 죽여도 된다는 데까지 이를 수 있습니다. 차별이 무서운 것은 바로 그런 점 때문입니다.

내가 중학생일 때는 조직폭력단과 관계했던 친구도 있었고, 수차례 낙제했던 친구도 있었습니다. 다만 지금과 다른 것은 우등생도 그런 아이들과 친구로 지냈다는 사실입니다. 나도 조직폭력단이 무서웠고 낙제할 마음은 없었습니다. 하지만 그런 친구들은 대개가 재미있습니다. 내가 하지 못한 그들의 경험을 듣는 게 즐거웠습니다.

중학생 무렵엔 선생님처럼 자신보다 '훌륭한' 사람에게 배울 기회가 많습니다. 그러나 대학생 무렵부터는 그런 가르침을 줄 사람이 적어집니다. 연구하는 것에 대해 물어도 가르쳐 줄 사람이 없습니다. 그처럼 아무도 모르는 것이기에 연구하는 것이지요. 하지만 그래도 타인에게 배울 수 있습니다. 자신과 비슷한 수준, 혹은 자신보다 모르는 타인에게서 말이지요.

인간은 자신보다 '훌륭한' 사람한테서 배우려고 하면 곧 망가집니다. 자신보다 못한 사람에게서 얼마나 배우는가, 그것으로 성장해 갑니다. 이것은 훌륭한 사람에게 배우는 것보다 훨씬 어렵습니다. 꽤 높은 수준을 요구합니다. 그러나 이것이 더 중요합니다.

만일 당신이 어떤 과목을 잘한다면 부족한 친구에게 가르쳐 주기도 할 것입니다. 그러나 잘하니까 부족한 아이를 '도와주자'라는 마음가짐이라면 아예 그만두는 게 좋습니다. 그런 바람직하지 못한 봉사정신을 가진다면 오히려 밉상으로 비쳐집니다.

부족한 사람에게 무언가를 가르치면 자신의 이해도는 더 깊어집니다. 나도 부족한 인간이지만 나보다 부족한 사람에게 무언가를 배우면 큰 도움이 됩니다. 훌륭한 사람에게서 배우는 것보다 훨씬 도움이 됩니다. '동정심'이나 '사이좋게'라는 덕목은 필요치 않습니다. 당신이 그에게서 배우는 것으로, 그것은 당신에게 힘이 되기 때문입니다.

'위'만 향하면 그쪽밖에 보이지 않습니다. '위'만 향하면 아무래도 한쪽으로 치우쳐서 타인에게 배우는 것도 적어집니다. 당신 자신의 폭을 확장시키기 위해서라도 '아래'를 향해야 합니다.

요즘 학교에서는 마치 '아래'는 없는 것처럼 생각하거나 심리적으로 벽을 만들려는 경향이 있는데, 매우 위험한 일입니다. 뒤처지고 불거져 나온 친구들의 마음을 이해하는 것은 당신 자신에게 매우 중요한 일이라는 것을 알아야 합니다. 더욱이 그들의 이야기는 매우 흥미롭습니다. 그것을 없는 것인 양 생각하는 것은 스스로에게 손해입니다.

물론 그것은 수준이 높은 행위이기 때문에, 훌륭한 사람을 바라보는 것보다는 어려울 것입니다. '위'를 향하는 것에 비해 '아래'를 향할 때는 머리는 물론 마음까지 총동원해야 합니다. 지금 당신의 마음을 '아래'로 향해 보세요. '위'만 향하던 마음을 '아래'로 향하기만 해도, 이윽고 당신의 마음에 그들의 목소리가 전해질 것입니다. 당신은 거기서 무엇인가를 배웁니다.

괴롭히는 자의
비참함

나는 어릴 적 약골이었기에 굳이 말하면 괴롭힘을 당하는 편이었습니다. 그래도 나보다 더 약한 아이를 괴롭히지 않았는가 하면 그렇지도 않습니다. 지금 생각해 보면 그런 내가 너무 참담합니다.

한번은 근처에 도깨비 같은 얼굴을 한 아이가 있어서 '도깨비 아이'라며 괴롭힌 적이 있습니다. 그러자 그 아이의 어머니가 눈물을 흘리며 달려왔지요. 그때는 정말이지 깜짝 놀랐습니다. 괴롭히는 입장에 있는 사람은 그 상황의 중요성을 이해하지 못하는 일이 많습니다.

괴롭히는 사람이 강한 것은 아닙니다. 과거 제국주의 시대 일본 육군이 신병을 괴롭혔던 것은 너무도 유명합니다. 억압당한 사람은 괴롭힐 상대를 찾습니다. 상급생이 하급생을 괴롭히는 학교는 대개 관리가 엄합니다. 동아리나 자유로운 분위기인 곳에서는 상급생도 하급생도 친구 같은 관계를 형성합니다. 괴롭히는 인간은 대개 체제에 의해 괴롭힘을 당합니다. 약한 사람이지요. 강하다면 약자를 괴롭힐 필요도 없습니다.

때로는 누구를 괴롭힌다는 가학 의식조차도 없습니다. 집단 전체가 괴롭힘을 조장합니다. 괴롭힘을 당하는 사람도 그런 경우 더 힘듭니다. 죄의식 없이 나쁜 짓을 하는 것만큼 난처한 것도 없지요. 그리고 이윽고 성장한 뒤에 그때의 자신이 상황에 휩쓸려 죄의식 없이 누군가를 괴롭혔던 사실을 깨닫게 됩니다. 하지만 그때는 이미 돌이킬 수 없습니다. 또한 자신이 유약하고 비루하여 그런 짓을 저질렀다는 것을 알게 됩니다. 이런 비참한 기분은 맛보지 않는 것이 좋습니다. 괴롭힘을 당한 아이도 비참하지만, 나중에 생각해 보면 괴롭힌 아이도 그에 못지않게 비참한 법입니다.

특히 요즘은 집단 따돌림이 심각한 문제입니다. 그 사람이 존재하지 않는다는 듯이 취급합니다. 얼굴을 맞대지 않고 대화도 나누지 않는 것으로, 존재 자체를 무시합니다. 이것은 일종의 정신적 살인입니다. 폭주족이 되는 것보다도, 슬쩍 물건을 훔치는 것보다도 훨씬 나쁜 최악의 비행입니다.

때로는 괴롭힘을 계획하는 사람이 없기도 합니다. 집단 전체가 괴롭히는 주체가 됩니다. 마치 괴담 같은 공포감이 있습니다. 이들은 모두 평범한 중학생으로, 누구를 괴롭힌다는 의식도 없습니다. 이 또한 무섭습니다. 괴롭히지 않을 작정이면서도 괴롭힌다니, 마치 괴담을 듣는 것 같습니다. 때로는 괴롭힘을 당하는 아이까지 그것을 의식하지 못합니다. 이렇게 되면 정말이지 공포의 극치입니다. 의식하지 않는다고 해도 괴롭힘은 엄연히 존재합니다. 의식으로 떠오르지 않고 영혼 아래서, 일종의 악몽 세계에서 누군가가 누군가를 괴롭힙니다.

제국주의 시절엔 평범한 병사들이 바로 그런 상태가 되었습니다. 그리고 전쟁에 참전하여 잔학한 짓을 저질렀습니다. 극악무도한 인간이라서 그런 일을 저지른 것이 아닙니다. 주위에서 흔히 볼 수 있는 평범한 어른들이 잔학한 짓을 저지른 것입니다. 그것은 자신의 역사 속에 오점을 남기고 공백을 만들고 맙니다. 그것은 참으로 참담한 일입니다. 중학생 사이에서 괴롭힘이 증가하는 것은 나쁜 아이가 있기 때문이라고는 생각하지 않습니다. 괴롭히는 아이도 대개는 평범한 아이입니다. 지금 중학생이 놓여 있는 현실이 그런 약한 부분을 만들고 있는 것이지요.

만일 당신이 지금 누군가를 괴롭히고 있다면, 당장 그만두는 것이 좋습니다. 그것은 나중에 기필코 당신에게 비참함을 안겨 줄 것이기 때문입니다. 상대뿐 아니라 당신 자신의 미래를 위해서 지금 당장 그만둬야 합니다.

　누군가를 괴롭히려는 마음이 생기는 것은 자신이 속한 곳의 분위기에 전염되었기 때문입니다. 그것을 잘 알면서도 누군가를 괴롭힌다면, 그것은 당신이 약하기 때문입니다. 인간은 약한 존재로 그런 유약함이 안쓰럽지만 이 경우만큼은, 아니 이 경우야말로 강해져야 합니다. 의욕적이 되라거나 끈기를 발휘하라거나 강해지라고 부추기는 것은 내 취미가 아닙니다만, 어떤 상황에 굴복하여 타인을 괴롭힘으로써 마음의 균형을 잡지 않아도 될 만큼 강한 마음을 가지길 바랍니다.

나의 집은 하츠네 레이코(일본의 배우)가 하숙하기도 하여 일 년 내내 다카라즈카宝塚歌劇団(일본의 가극단으로 많은 연예인을 배출하고 있다)의 아이들이 출입했기에 그녀들과 트럼프 놀이를 하거나 연극론에 대하여 이야기를 나누기도 했습니다. 그 무렵 중학교에서는 극장 관람이 금지되어 있었지만, 스타니슬라프스키(러시아의 배우 겸 연출가)에 대하여 이야기를 나누기도 했으니 제법 뒤죽박죽이던 상황이었습니다. 그러나 나보다 나이 많은 여자 아이와 만나는 경험을 할 수 있었던 것은 매우 좋았습니다.

고등학교 문화제에 사용할 무대의상을 빌리려고 다카라즈카에 간 적이 있습니다. 분장실 옆 우동집에서 쉬고 있을 때, 얼굴을 아는 아와시마 치카게(일본의 배우)가 들어와서 속눈썹 만드는 방법을 가르쳐 주었습니다. 전후 물자가 귀하던 시대이기에 속눈썹까지 직접 만들어야 했지요.

그녀가 "머리카락을 좀 줘봐"라고 말하며 내 머리카락을 무려 세 가닥이나 뽑았습니다. 그리고 머리카락으로 속눈썹 만드는 방법을 내게 가르쳐 주었습니다. 그때 머리카락을 뽑지 않았다면 나는 어쩌면 좀 더 훌륭한 학자가 되었을지 모릅니다.

지금은 아무도 믿지 않지만, 중학생 시절 나는 의외로 귀여운 구석이 있었습니다. 그리고 나이 많은 형님이나 누님의 사랑을 받았습니다. 나이에 비해 깜찍해서 사랑받은 것인지, 사랑받아서 깜찍해졌는지는 잘 모르겠습니다.

중학교 2학년 무렵의 일입니다. 그 시절 나는 오사카의 도요나카 시에 살았는데, 밤거리를 걷고 있을 때 웬 모르는 형님이 소맷자락을 잡았습니다. 내게 말을 건넸고, 별로 낯을 가리지 않던 나는 가볍게 이런저런 이야기를 주고받았지요. 그러는 동안 상대는 슬며시 내 손을 꼭 잡았습니다. 묘하게 부드럽고 조금 축축한 느낌이었습니다.

어떻게 대처해야 할지 모르는 채로 이야기를 이어 갔는데, 그러는 동안 점차 외진 길로 들어섰습니다. 그 시절 밤거리는 지금보다 가로등이 없어서 꽤 어두웠습니다. 어쩐지 기분이 찜찜하더군요. 그래서 "좀 급한 일이 있어요, 다음에 또 뵙죠"라고 말하고는 손을 뿌리치고 허겁지겁 도망쳤습니다. 내가 생각해도 절묘한 핑계를 떠올렸습니다.

그런데 무슨 까닭인지 그 이후 그 형님을 본 적이 없습니다. 지금에 와서 돌이켜보며 '그때 손을 뿌리치지 말고 따라가 보는 것도 좋았을 텐데' 하고 생각해 봅니다. 그러나 역시 그때는 무서웠지요.

'과일나무는 그 과실로 평가 받는다'는 속담이 있습니다.
하지만 그것은 우리 인간이 멋대로 단정한 것입니다.
과일나무가 잎을 무성히 틔우고 꽃을 피우는 것은 그것이
삶이기 때문이지 결코 인간에게 과실을 먹이기 위해서가 아닙니다.
젊은 여러분은 지금 명랑하게 살아가야 합니다.

5장

물음표를
던져라

건방지게 경솔하게 재미있게

이룰 수 없기에
꿈꾼다

인간은 꿈 없이는 살아갈 수 없습니다. 죽음이 가까울 때는 그 죽음까지도 꿈꿉니다. 내가 어릴 적, 자신의 죽음을 나라를 위해 바치겠다는 꿈을 내걸었던 사람도 있었는데, 이것은 단순히 군국주의자에게 속았기 때문만은 아닙니다. 개중에는 국가와 무관하게 유탄에 맞아 죽는 것이 낭만적이라며 별난 꿈을 가지기도 했습니다. 여하튼 자신의 죽음조차 꿈으로 내걸려고 했습니다.

꿈이라 해도 특별히 그 실현을 믿는 것은 아닙니다. 현실이 배신할 것임을 이미 알고 있습니다. 꿈은 결코 미래의 계획이 아니지요. 미래에 실현할 수 있는 계획이라면 오히려 재미없습니다. 게다가 그 계획이라는 것도 어쩌면 대단한 꿈에 불과하지요. 미래의 확정되지 않은 것들은 부풀려진 꿈입니다. 그래도 계획이 아닌 꿈에 이끌려 인간은 살아갑니다.

내 어릴 적 꿈은 세계 각국의 분쟁을 제3자의 입장에서 중재하는 것이었습니다. '일본에 대해서도 제3자가 될 것이냐?'고 애국소년들이 따지고 들까 봐 남 앞에서는 밝힌 적이 없지만요. 지금 나는 대학생 그룹 간의 분쟁을 중재하고 있으니 수준이 꽤 낮아지기는 했어도 어릴 적 꿈을 어느 정도는 이룬 것일지도 모릅니다.

학자도 어릴 적부터 동경해 온 것으로, 지금은 '학자의 세계'에서 벗어나려는 방향으로 나아가고 있습니다. 소년일 때의 꿈을 달성하여 성취감을 느낀다기보다 꿈이 현실에 더럽혀지는 것에 저항하는 것입니다.

따라서 나는 꿈은 현실에 배신당하는 것이라는 조금 허무한 생각을 가지고 있습니다. 그래도, 아니 그러하기에 인간은 꿈이 필요합니다. 그것은 결코 미래 계획이 아니기에 현실적인 가능성이 그리 없어도 얼마든지 꿈꿀 수 있습니다. 그리고 그 꿈을 가지고서 지금의 현실을 살아가면 됩니다.

물론 그 꿈은 여러 가지로 변해 갈 것입니다. 그래도 상관없습니다. 한때 수학자를 꿈꾸고, 일 년 뒤에는 화가를 꿈꿉니다. 다시 일년 뒤에는 음악가가 되려고 합니다. 그때그때의 꿈이 현재의 삶에 신바람을 불어넣는다면, 그것으로 좋습니다. 실제로 실현되지 않더라도 꿈이라는 것은 자신의 현재를 위해 존재합니다.

그런데 요즘은 꿈이 미래 계획과 혼동되는 것 같습니다. 실현 가능성이 적은 것을 꿈꾸는 것을 금지당한 것 같습니다. 그런데 실현 가능성이 적어도 꿀 수 있는 것이 꿈의 장점이지요. 지나치게 계획의 실현만을 생각하면 꿈은 사라집니다. 그리고 미래는 상당히 불확실한 것이기에 반대로 어떤 꿈이라도 얼마만큼은 가능성이 있습니다. 절대적으로 확실한 미래 따위는 있을 리 없지요. 10년만 지나도 세상은 상당히 변할 것이고 자신도 꽤 변할 것입니다.

전쟁 중의 억압 속에서는 전후의 자유를 상상조차 할 수 없었습니다. 전후 가난 속에서는 고도성장의 번영을 상상할 수도 없었습니다. 그리고 고도성장 중에는 저성장 같은 것은 생각할 수도 없었지요. 다행히 내가 살아온 반세기에도 세상은 변했고, 앞으로도 변화할 것입니다.

그럼에도 인간은 여하튼 10년 전 일은 잊어버리도록 만들어져 있습니다. 그리고 현재와 같은 세상이 20년, 30년은 이어질 것이라고 생각합니다. 미래 계획을 세우는 데는 그러는 것이 좋습니다. 그러나 미래는 계획대로 되어 주지 않기에 상황에 따라 궤도를 수정하면서 살아가는 수밖에 없습니다. 따라서 미래가 아닌 바로 지금을 살아가기 위해 꿈을 가져야 합니다. 미래에 대한 꿈을 가질 수 없다고 말하는 것은 자신의 미래를 정해진 것으로 생각하기 때문이 아닐 까요?

미래를 향하여 나아갈 때 변하지 않는 단 하나는 '나는 나'라는 사실뿐입니다. 이것만큼은 변할 리 없지요. 자신이 타인이 될 리는 없으니까요. 따라서 자신의 꿈에서는 자신이 주인공이지 않으면 안 됩니다. 그리고 그 꿈은 자신이 정하는 것입니다.

지금을 살아가기 위하여 꿈을 가지세요. 그것이 실현되지 못한 다 해도 그때는 다시 다른 꿈을 꾸면 되지 않을까요?

살 수 있는 건
현재뿐

'젊어서 고생은 사서도 한다.' '지금 고생해 두면 장차 편해진다.'

이런 말을 하는 사람이 있습니다. 나는 이 말이 참으로 싫습니다.

나는 내내 고생하여 그 계획을 달성한 뒤 만족하는 사람이 되고 싶지는 않습니다. 어떤 계획이든 죽음에 의해서 중단되지요. 여러분 또래의 나이에 급작스럽게 뜻하지 않은 죽음을 맞이한다면 그야말로 '중단'이라고 느낄 테지만, 그것은 나이를 먹었다고 해도 다르지 않습니다.

인간은 늘 무언가를 새로이 하려는 것이 좋습니다. 이미 모든 것, 모든 계획을 이룬 뒤에 그저 늙어 죽기만을 기다려서는 안 됩니다.

틀려도 좋지 않은가

따라서 이렇게 살아 있는 한, 계획이 달성된 이후 편해지는 삶은 시시합니다.

다만 우리 인간은 나이를 먹으면 마음이 약해지기에 자신이 과거에 겪었던 고생을 미화하고 현재를 긍정하게 됩니다. 젊은 시절에 고생했기에 지금의 자신이 있는 것이라는 식의 말은 한심하기 그지없지만, 젊은 여러분은 그것을 경멸하기보다는 나이가 들면서 연약해지는 인간의 면모를 안쓰럽게 봐주기를 바랍니다. 그러나 여러분이 그 말에 휘둘려 현재의 고생이 미래의 안락을 위한 것이라고 생각하는 일만큼은 절대 없기를 바랍니다. 그것은 당신이 나이를 먹고 마음이 약해진 뒤에 할 말이기 때문이니까요.

물론 인생에는 다소 어려운 일도 있게 마련이니, 그때는 그때대로 잘 헤쳐 나가면 됩니다. 산을 넘기 위해서는 땀을 흘리기도 하지요. 그러나 꼭대기만을 목표로 그렇게 하기보다는 산길을 오르는 곳곳에서 땀을 흘리며 즐기기를 바랍니다. 산꼭대기에 소복이 쌓인 흰 눈을 떠올리기도 하지만 그것은 꿈에 색을 입히기 위한 것으로, 그 역시 현재 느끼는 등정의 즐거움입니다.

산꼭대기를 바라보고, 거기에 이르는 것에만 만족한다면 산을 오르는 것이 재미있지 않습니다. 하물며 인생은 등산이 아닙니다. 꼭대기도 정해져 있지 않지요. 비슷해 보이는 옆 산으로 방향을 바꾸기도 하고, 산도깨비에 사로잡혀 나아가지 못하기도 합니다. 하지만 그 역시 나름으로 자신의 인생을 충실히 살아가는 것으로, 정해진 꼭대기를 향하여 모두가 나아가는 것이 아닙니다.

가령 5년 뒤에 죽는다고 해도 지금을 충실하게 살아야 한다는 것에는 변함이 없습니다. 불확실한 미래의 안락함을 위하여 현재가 존재하는 것이 아닙니다. 미래의 달성으로 보상받기보다는 바로 지금을 즐기며 살아가야 합니다.

'과일나무는 그 과실로 평가 받는다'는 속담이 있습니다. 하지만 그것은 우리 인간이 멋대로 단정한 것입니다. 과일나무가 잎을 무성히 틔우고 꽃을 피우는 것은 그것이 삶이기 때문이지 결코 장차 맺을 과실을 인간에게 먹이기 위해서는 아닐 것입니다. 여러분도 자신의 미래나 국가를 위하여 지금 공부한다고 생각해서는 안 됩니다. 무엇보다 현재의 삶을 좀 더 충실히 살아야 합니다. 결국 그것이 미래와 관련된 것이라도, 나중에 편해지기 위해서가 아니라 현재를 생기로 가득 채우기 위한 것입니다.

나의 소년시대는 전쟁이 벌어지고 있었기에 미래에 대한 보장은 일절 없었습니다. 아무리 열심히 공부해도 그것이 자신에게 도움이 될 가능성은 적었습니다. 하지만 그런 만큼 지금 당장 해둬야 한다는 마음이 그 무렵 학생들에게는 있었습니다. 가령 중한 병에 걸려 앞으로 5년밖에 살 수 없다고 한다면, 바로 지금밖에 할 수 없으니까요. 실제로 여러분 또래의 나이에 머지않아 세상을 떠날 날을 받

틀려도 좋지 않은가

아 놓은 소년소녀도 있습니다. 여러분이 특별히 그들과 다르다고는 생각하시 않습니다. 오래도록 살게 되더라도 지금과 같은 10대, 20 대는 바로 지금밖에 없는데 그것을 미확정된 40대나 50대를 위해서 어둡게 보내서는 안 됩니다. 젊은 여러분은 지금 명랑하게 살아가야 합니다.

이것은 미래를 생각하지 말고 현재만을 즐기라는 말이 아닙니다. 인간에게 지금은 미래와 상관없이 존재하는 것이 아닙니다. 미래의 꿈이 있기에 현재가 있습니다. 현실이 그 꿈을 배반하더라도 미래를 향하는 방향성 없이는 살아갈 수 없습니다. 그것은 불확실한 것이기는 하지만 그러한 방향성만은 현재에 존재합니다.

반대로, 현재를 충실히 살아가는 것 말고는 좋은 미래가 보이지 않습니다. 미래를 정해진 코스처럼 생각해서는 현재도 역시 경박한 것이 되어 버립니다. 현재만이 미래를 풍요롭게 만듭니다.

과거에
구애받지 마세요

세상은 여하튼 당신의 과거를 문제 삼으려고 합니다. 특히 학교는 당신이 얼마만큼 공부했는가를 빈번히 점검하려고 합니다. 나는 타인을 점검하는 것이 싫고 타인에게 나 자신이 점검당하는 것은 더 싫어서 학교의 그런 부분이 견딜 수 없을 만큼 끔찍이 싫습니다. 그러니 굳이 나서서 그 틀에 맞춰 과거에 집착하지는 마세요.

'성과가 어찌 되었든 노력만큼은 인정해 주자'는 말도 있지만 바람직하지 않습니다. 과거에 노력했는지 안 했는지는 아무래도 좋은 것이지요. 그런 것을 타인에게 인정받았다고 하여 그게 뭐 어쨌다는 거죠? 지금 어떤가, 그리고 앞으로 어쩌려는 것인가, 그것만이 중요

틀려도 좋지 않은가

한 문제일 것입니다.

나 정도의 나이가 되면 지금까지 살아온 인생에서 무언가를 이룬 사람도 많습니다. 그러나 그 가운데서도 과거에 자신이 이뤄 온 것을 중시하는 사람과 그다지 문제 삼지 않는 사람이 있습니다. 나이를 먹어도 앞으로 무언가를 하려는 사람은 과거에 무엇을 이루었는지에 그다지 눈길을 주지 않습니다. 그리고 그런 사람은 비록 나이를 먹었어도 젊습니다. 나이를 먹으면 지금까지 살아온 시간보다 장차 살아갈 시간이 짧으니, 다소의 소심함에 힘입어 과거의 자신을 자꾸만 신경 씁니다. 그래도 억지로라도 미래에 시선을 둘 때 마음을 젊게 가질 수 있습니다.

여러분은 두말할 나위 없이 젊습니다. 미래는 충분히 있지요. 그 젊은 시기에 과거를 점검당하는 제도 속에 있다는 것이 매우 아쉽지만, 적어도 자기 자신은 과거에 집착하기보다 미래를 향하여 눈을 돌리는 것이 좋습니다. 지금까지 노력했는지 아닌지, 그런 것을 타인에게 인정받으려고 집착해서는 안 됩니다. 지금 어떠한지가 중요하며, 또 지금 안 되더라도 앞으로 방법을 찾으면 됩니다.

인간은 그렇게 틀에 박힌 존재가 아닙니다. 특히 젊었을 때는 성장 용수철 같은 것이 있어서 움츠러들기도 하고 튀어 오르기도 합니다. 때로는 위축되기도 하지만 잠시 시간이 지나면 갑자기 발전합니다.

'중학교에서 못하면 고등학교에 가서도 잘하지 못한다'고 말하기도 하지만 그렇지 않습니다. 예컨대 수학처럼 차곡차곡 쌓아 올리는 과목조차 고등학교에서 갑자기 좋아지거나 잘하는 과목이 되거나 하는 경험을 이야기하는 학생은 얼마든지 있습니다. 중학교에서 못했어도 괜찮습니다. 고등학교가 있으니까요. 지금 못해도 앞으로 잘하면 됩니다.

설령 나중에도 못한다 해도 미래의 가능성에 의지하는 것이 좋습니다. 과거에 집착하고 앞으로도 안 될 것이라 믿으면 분명 미래는 없습니다. '앞으로 어떻게든 되겠지'라고 생각하면 정말로 어떻게든 됩니다. 설령 안 되어도 본전이 아니던가요. 따라서 미래의 실현 가능성에 기대하는 것이 적어도 이득입니다. 또 그런 마음이 젊음이고, 오히려 그것이 미래의 가능성을 열기도 합니다.

요즘 세상은 특별히 여러 코스를 마련해 놓고 처음부터 미래가 정해진 듯이 생각하려 합니다. 일단 어느 코스에 들어서면 이제는 더 이상 고민할 필요가 없기 때문이지요. 고민하는 일이 없도록 체념의 코스가 만들어집니다. 또한 고민을 피해 체념의 길을 기웃거리기 쉽습니다. 그러나 젊을 때는 가능하다면 고민하는 게 좋습니다. 간단히는 포기하지 마세요. 고민하기를 피하고 체념하면 여러분의 젊음은 점차 시들어 버립니다. 그리고 체념한 상태에서 정말로 미래가 정해져 버립니다. 그 이후로는 어떤 기회도 영원히 찾아오지 않게 되지요.

틀려도 좋지 않은가

만일 미래의 이런저런 가능성을 생각하고 있다면, 과거 따위는 집착하지 마세요. 자신이 해온 것을 인정해 달라는 것은 한참 뒤 노인이 된 이후에 해도 충분합니다. 지금은 오로지 미래만을 바라보는 게 좋습니다.

분명 과거의 자신이 있었기에 현재도 있을 수 있습니다. 당연한 일이지요. 그러나 지금 생각해야 할 것은 현재의 자신을 만들어 낸 과거가 아니라, 미래를 향하여 움직이는 것입니다. 과거를 신경 쓰는 것은 그만두세요. 아직 미래가 남아 있으니까요.

위험한
자유

'자유에는 책임이 따른다'고 말합니다. 그런데 이 말에는 두 가지가 뒤섞여 있는 것 같습니다. '권한에는 책임이 따른다'와 '자유에는 위험이 따른다'는 것 말이지요.

무한정한 책임은 없습니다. 어떤 입장에 있을 때에 그 입장에 따르는 책임이 있습니다. 예를 들면, 선생님은 교사의 입장에서 어느 정도의 책임이 있습니다. 그리고 중학생에게도 중학생이라는 입장에 따른 책임은 있습니다. 하지만 책임이 곧 자유의 제한을 뜻하는 것은 아니지요. 그런 입장에서 일탈할 때도 있을 것입니다. 대신에 그만큼 위험이 커집니다. 안전이 보장된 자유라는 것은 없습니다.

혼자서 산에 가는 것은 자유롭고 멋진 일이지요. 대신에 동반되는 위험을 끌어안을 수밖에 없습니다. 끝없이 자유를 추구한다면 위험도 커집니다. 고등학교 진학을 포기하는 것도 자유이지만, 그것에 동반되는 인생의 위험을 끌어안겠다는 각오만큼은 해두는 게 좋습니다. 세상의 관습에 반발하는 것은 자유이지만 비난이 거세질 위험을 알고서 해야 합니다.

다소의 위험이 있어도 자유를 원하는 것은 당연합니다. 차가 오지 않는 횡단보도에서 신호 따위는 신경 쓰지 않고 건널 수는 있지요. 그러나 돌연 차가 달려왔을 때의 위험은 각오해 두는 것이 좋습니다. 입장을 바꿔서 차를 운전하는 사람이라면 자신이 아니라 상대에게 상해를 입히는 쪽이기 때문에, 운전자의 입장에서 신호를 지킬 책임이 있습니다. 보행자도 너무 멋대로 행동하면 그것을 신경 쓴 운전자가 사고를 일으킬 테니 책임이 없다고 볼 수는 없습니다만, 이 경우 더 중요한 것은 책임보다도 위험에 있습니다.

사실 나는 다소의 위험이 따르더라도 자유로운 것이 좋습니다. 산도 안전한 등산로보다는 덤불이 우거진 산길을 헤치고 오르는 것을 좋아합니다. 대신에 가시덤불에 찔리거나 낭떠러지에서 떨어질 위험이 있습니다. 살모사도 조심하지 않으면 안 됩니다.

젊을 때는 신체적인 자유에 빠져서 그런 위험도 감내했지만, 요즘에는 점차 안전한 길을 걸으려고 합니다. 대신에 자유가 줄어든

만큼 재미는 없지요.

여행을 해도 젊다면 계획 같은 것은 세우지 않는 게 좋습니다. 대신에 돈이 없으니 역 벤치에서 잠을 자고, 열차도 입석으로 이동해야 하겠지만요. 그런데 나이를 먹고 보니 숙박처를 예약하고 열차지정석 티켓을 사지 않으면 안 됩니다. 그것이 국철에 나의 미래를 팔아넘긴 것 같아서 몹시 굴욕감을 느끼지만요.

그저 위험을 각오하고 자유를 추구하는 것은 개인 여행입니다. 그러나 단체 여행의 리더라면 리더로서의 책임이 생깁니다. 그때는 계획을 세우고, 숙박이나 기차표를 미리미리 알아보지 않으면 안 됩니다. 그것이 책임이라는 것이지요.

내가 보기에 요즘의 여러분은 완전히 개인적인 자신의 진로에 대해서까지 안전이 보장된 지정석을 사려는 것 같습니다. 젊은 시절에는 다소 위험을 각오하고 모험하고 자유를 추구해도 좋습니다. 실패할지도 모르지요. 하지만 자신의 판단으로 헤쳐 나가지 않으면 안 됩니다. 자유를 조금 더 추구해도 좋습니다.

물론 자유를 추구하기 위해서는 어느 정도는 안전을 단념하지 않으면 안 됩니다. 위험이 따르지 않는 자유는 없습니다. 안전을 추구하면 관리가 쉽습니다. 자유롭고 게다가 안전하기까지 바란다면 뻔뻔합니다. 타인에게 의지하지 않고 자신을 의지하는 것이 자유이기에 그만큼 안전이 보장될 리 없습니다.

요즘은 안전 보장을 위한 관리 규칙이 너무 많습니다. 나무 타기를 하면 떨어져 다리가 골절될 위험이 있습니다. 그러한 위험을 알고 나서 나무 타기를 할 자유가 있는 것이 좋습니다. 위험 방지라는 이유로 금지가 증가하여 자유가 적어지면 재미도 없습니다. 따라서 규칙으로 금지해도 그것을 깨고 위험한 영역에 다가가는 것이 자유라는 것일지 모릅니다. 그 대신에 당신은 위험을 끌어안지 않으면 안 됩니다.

서로서로
폐를 끼치자

'타인에게 폐를 끼치지 말고 살라'는 말을 합니다. 그런데 과연 그런 일이 가능할까요?

당신이 지망한 학교에 진학하게 되면 대신에 누군가는 들어가지 못합니다. 그에게 당신은 상당히 폐를 끼친 존재일지 모릅니다. 취직할 때도, 주택을 분양받을 때도 타인에게 폐를 끼치게 됩니다.

특별히 경합이 벌어지는 경우가 아닌 부모 자식 사이도 서로에게 폐를 끼칩니다. 친구도 그렇지요. 인간이 타인과 관계를 가질 때 상대에게 전혀 폐를 끼치지 않는다고는 생각할 수 없습니다. '아무에게도 폐를 끼치지 않는다'고 뽐내는 사람은 그 말을 하는 것만으로도 민폐의 극치를 달립니다. 역시나 서로 폐를 끼치고 있다는 생각을 가지고 살아가는 것이 좋습니다.

가장 큰 문제는, 타인에게 폐를 끼치지 말라고 강요하는 태도입니다. 이것은 특히 사회적 '약자'에 대한 차별의 근원이 됩니다. '세상에 폐를 끼치는 주제에 납죽 엎드려 살라'는 식의 차별이 생기는 것이지요. 그러나 실제로는 사회적 '강자'가 세상에 폐를 끼치는 경우가 훨씬 많습니다. 더욱이 '약자인 주제에'가 아니라 '약자이기에' 사회적 의미를 되물어야 합니다. 세상에 폐를 끼치지 않도록 '약자'가 움츠려 살아가는 사회는 원활히 굴러가지 못합니다.

조용히 타인에게 폐를 끼치지 않도록 작아져 살아가다니…… 정말이지 재미없습니다. 세상과 관계를 맺으면 맺을수록 타인에게 폐를 끼칠 기회는 많아지고 타인에게 비난을 받는 일이 증가합니다. 그것을 신경 쓰지 말라고는 할 수 없습니다. 오히려 폐를 끼치고 있기에 더 많이 타인을 신경 써야 합니다. 세상과 관계를 맺는다는 것은 그런 것이지요.

아무리 조용히 살아가려고 해도 타인에게 폐를 끼치지 않을 수는 없습니다. 산에 틀어박힌 은둔자가 되었다고 해도, 자살했다고 해도, 그것 자체로 주변 사람들에게 폐를 끼치는 것입니다. 세상과의 관계가 많아지면 필연적으로 타인과의 마찰도 많아집니다. 그렇다고 타인과의 관계를 끊는 것이 곧 자유로이 살아가는 것이라고는 생각하지 않습니다. 그것은 자기 인생의 범위를 좁다랗게 만듭니다. 그보다는 타인과 많은 관계를 맺고 그것으로 서로가 폐를 끼치는 기회를 가지고, 여기저기 부딪치면서 살아가는 것이 인간으로서의 자유일 것입니다.

수업 중에 질문을 던져서 수업 흐름을 흐트러뜨린다면 예정대로 수업을 진행하려 했던 선생님에게는 분명 폐를 끼치게 됩니다. 하지만 그로 인해 수업에 예정 외의 사건이 더해지기에 수업의 질적인 면에서는 좋습니다. 반 친구들이 어느 한 방향으로 정리되어 가는 시점에서 다른 의견을 제시하면 모처럼 방향이 정해졌다고 생각하는 사람에게는 폐일지도 모릅니다. 그러나 그렇게 간단히 정리되지 않도록 하는 게 오히려 좋은 일이고, 거기에 제동을 거는 것은 학급에는 바람직한 일입니다.

여러 사람이 있어 여러 관계를 맺고, 그러는 가운데 서로가 폐를 끼치는 것도 생각하기에 따라서는 인간 사회에 좋은 일입니다. 부끄러워하며 다들 납죽 엎드려 살아가는 세상이라니 시시합니다. 그래도 타인에게 폐를 끼치는 지점은 타인에게 험담을 듣는 지점이기도 합니다. 그것을 기억해 둘 필요가 있습니다. 타인에게 나쁜 말을 듣지 않도록 소극적인 사고로 작게 움츠러들어 있는 것은 위험이 적은 듯 보입니다. 그러나 대개는 '소극적인 사람'이라며 그것 자체를 나쁘게 평가합니다.

틀려도 좋지 않은가

인간의 자유에는 위험이 뒤따르게 마련입니다. 타인에게 폐를 끼치고, 그로 인해 타인에게 나쁜 말을 들을 위험을 각오하지 않고서는 인간 사회에서 아무것도 할 수 없습니다.

오히려 중요한 것은 자신이 타인에게 폐를 끼치는 것을 조금은 주춤거리면서도 늘 자각하는 것입니다. 아무에게도 폐를 끼치지 않는 것을 당당하게 생각할 게 아니라 자신이 폐를 끼친 상대의 마음을 헤아리는 것이 중요합니다. 가능한 한 많은 사람들과 관계를 맺고 서로가 폐를 끼치며 살아가는, 그런 사회가 되면 좋겠습니다.

나쁜 짓에 임하는
바람직한 자세

인간이 살아가면서 정당하다고 인정받는 일만 한다면 나아갈 길이 한정됩니다. 선악이 분명하지 않아서 칭찬받을지 꾸중을 들을지 해보지 않으면 알 수 없는 영역도 많습니다. 따라서 더듬더듬 어림잡아 나아가는 수밖에 없습니다. 나누어져 있기는커녕 좋은 일과 나쁜 일은 대개 손을 맞잡고 뒤섞여 있기에, 그런 헷갈리는 길을 헤쳐 나가지 않으면 안 됩니다.

다들 하는 일이라도 조금만 생각해 보면 나쁜 것이 있습니다. 예컨대, 시험 전날 모두가 점수를 생각하고 공부합니다. 그것은 사실 나쁜 일이지요. 시험은 학력을 측정하는 것으로, 하룻밤 벼락치기로

틀려도 좋지 않은가

공부하면 진정한 실력을 알 수 없습니다. 꾀병을 부리기 위하여 체온계를 문질러 열을 내는 것과 같지요. 그리고 시험 전에 공부했어도 시험이 끝나면 대부분의 내용을 잊어버리기에 대개는 진정한 자신의 학력이 되지 못합니다. 처음부터 '점수를 높이기 위해서'라는 시시한 목적으로 공부한 것이기에 학문에 대한 모독이기도 합니다. 학문의 존엄은 점수를 위해 있는 게 아닙니다. 이렇게 말해도, 시험 점수를 높일 때는 모두 밤을 지새워 벼락치기로 공부합니다. 나도 그랬습니다.

이렇듯 다들 하는 일이라도 나쁜 것은 있습니다. 민주주의의 다수결 원칙을 이상하게 적용시켜 모두가 하는 일은 정당하다고 생각해서는 안 됩니다. 그러니 다소는 '주춤거리면서' 하룻밤을 지새워 벼락치기로 공부해야 합니다.

최근에는 동네의 장난꾸러기들이 사라진 탓에 나쁜 행동을 배울 기회가 줄었습니다. 예를 들어 '감 서리'가 있습니다. 이것은 당연히 나쁜 행동이지요. 발각되면 두들겨 맞을지도 모릅니다. 그래서 주춤거리는 마음에 감나무의 가지를 꺾는 행위는 하지 않습니다. 꽤 위험한 행동을 하면서도 '적당히 하자'는 것이 나쁜 짓의 요령이지요.

그처럼 옛날 아이들은 나쁜 행동과 그것에 뒤따르는 위험을 조금씩 배웠습니다. 요즘에는 '착한 일'만 하다가 한 번 봇둑이 터지면 단숨에 악으로 치닫는 데가 있습니다. 그렇게 갑작스럽게 악으로 내

달린 탓에 '뭐가 나빠?'라며 악에 눌러앉는 부분이 있습니다. 내가 고리타분할지 모르지만, 이것은 매우 곤란한 일입니다. 나쁜 행동을 어떻게 하는지를 조금씩 배워 가고, 그 나쁜 행동 역시 다소 주춤거리는 마음으로 하기를 바랍니다.

나도 중학생 무렵 군사교련을 게을리했습니다. 그러나 그것은 반전反戰이라는 정의로운 마음에서 나온 행동이 아니었습니다. 암거래로 쌀을 샀습니다. 그러나 그것은 체제의 통제 질서를 거역하기 위한 것이 아니었습니다. 특별히 '정의를 위해서'라는 명분으로 가슴을 펴고 당당히 했던 것이 아닙니다. 군인이나 경관의 눈을 피해 다소는 움츠러들어 몰래 했던 일들입니다.

나쁜 짓을 할 때는 그것에 상응하는 위험도 각오하지 않으면 안 됩니다. 나는 체벌이라는 것에는 무조건 반대입니다만, 전쟁 중이었기에 맞을 각오는 늘 하고 있었습니다. '다들 땡땡이치지 않는가', '모두가 암거래를 하지 않는가'라며 항변할 수 있는 일이 아니었습니다. 또 모두가 하기에 나쁜 일이 아니라고 항변해야 한다고도 생각하지 않았습니다.

하나부터 열까지 선생님이나 부모님에게 물어 옳다고 보장된 것만을 하는 것이 좋다고는 생각하지 않습니다. 허가를 얻지 못한, 꾸지람을 들을지도 모르는 다소 위험한 일도 조금은 해보는 것이 좋습니다. 나중에 상처가 남지 않을 정도의 일이라면 가급적 경험해 보는 것이 좋습니다. 안전을 보장받은 일만 한다면 위험에 대한 저항력이 없어집니다.

학교 선생님들에게는 미안하지만, 조금은 교칙을 어기는 중학생이 되어 보는 경험도 해보세요. 그렇지만 '교칙을 어기는 것이 뭐가 나빠!'라며 우기는 것에는 반대입니다. 다소는 주춤거리며 들키면 꾸중 들을 각오로 조금 해보는 정도가 좋습니다.

언제나 당당히 가슴을 펴고 지내는 인생은 숨이 막힙니다. 하나부터 열까지 '좋은 일'밖에 하지 않는 사람은 인간 사회에서 조금 숨막히는 존재입니다. 인간은 선악이 뒤섞여 살아가는 다소 복잡한 존재로, '정당함'만으로 살아갈 만큼 단순하지 않습니다.

주제넘게 참견하는
구경꾼 정신

열아홉이나 되어서 무엇인가에 똑같이 한 모습으로 열광하는 집단이라니, 정말 싫습니다. 그런 곳에 있으면 곧 흥이 깨지고 무덤덤해집니다.

생각해 보면 나는 요 반세기 동안 덤덤한 데가 있었습니다. 무엇보다 전쟁 중에 내 주변은 온통 애국소년으로 그득했고 전쟁이 끝난 뒤에는 또다시 혁명청년으로 넘쳤습니다. 그런데 그것이 또래 아이들이다 보니 흥이 나지 않습니다. 내친 김에 말하면, 전쟁 중에 국가를 위해 온 힘을 다하고 전쟁이 끝난 뒤에는 인민을 위해 애를 쓰고, 고도 성장기에는 회사를 위해서 기를 쓰기보다는 그저 그것을 덤덤히 바라볼 수 있는 재능이, 내 입으로 말하기 쑥스럽지만 꽤 괜찮은 것이라고 생각합니다.

다만 덤덤하다는 것이 무관심으로 일관하는 것이라고는 생각하지 않습니다. 한발 물러나 있기에 오히려 세상의 변천을 흥미롭게 바라볼 수 있습니다. 그래서 나는 늘 구경꾼으로서 끊임없이 세상에 관심을 가져 왔습니다.

프랑스에 부르바키Bourbaki라는 수학자 모임이 있는데, 수학의 모든 분야에 대하여 토론합니다. 그런데 그 집단의 구성 원칙이라는 게 좀 흥미롭습니다. 수학이라고 해도 참으로 여러 전문 분야가 있는데, '내 전문은 여기'라며 자신의 성城에만 틀어박혀 있는 것이 아니라 어떤 분야든 관심을 가집니다. 결국 '구경꾼이어야 한다'는 것이 제1의 원칙입니다.

그저 관심만 가진다면 재미없습니다. 타인의 전문 분야에도 태연히 참견하지 않는다면 굳이 모임을 만든 보람이 없지요. 결국 '주제넘게 참견한다'는 것이 제2의 원칙입니다. 일류 수학자라는 이유로 자신의 권위를 지키려고 옳은 것밖에 말하지 않는다면 이것도 안 됩니다. 떠오른 생각을 아무렇지 않게 말해야 하지요. 결국 '경솔함'이 제3의 원칙입니다.

구경꾼으로서 술렁이고, 주제넘게 참견하고, 경솔해야 합니다. 이것은 무엇인가에 함몰되지 않고 집착하지 않기에 가능한 일입니다. 어찌해야 한다는 사명감을 갖기보다 덤덤한 게 낫습니다. 정당성이든 권위든 그런 것을 마음에 담아 두지 않았기에 무엇에든 고개를 들이밀고 온갖 것에 관심을 가지고 그것을 즐길 수 있습니다.

'당당히 가슴을 펴라'는 말은 오히려 무언가에 두려움을 느끼기 때문에 나온 것이 아닐까요? 굳이 말하면, 나는 오히려 위축된 채로 여러 다양한 인간이 지닌 각양각색의 생각, 그 마음속에 있는 친절로 시선을 돌리는 것이 좋습니다. 위축되었어도 그저 움츠려 있는 게 아닙니다. 인간의 마음속에 있는 외로움에, 그 복잡하고 굴절된 곳에 시선을 보냄으로써 인간은 구경꾼이 될 수 있습니다. 인간에 대하여 무관심한 것이 아니라 오히려 관심을 가지기에 구경꾼이 될 수 있습니다.

'한발 물러나 있으면 안 된다'며 분노하고 '그래서는 안 된다'며 소리치는 일은 내 성격에 맞지 않습니다. 분명 열띤 공기는 사람을 끌어들이는 경향이 있습니다. 하지만 그런 분위기 속에 있더라도 그곳에 있는 사람들을 구경꾼이 되어 바라보는 것도 좋습니다. 물론 자신을 높은 데 두는 것은 몹시 망측스러운 일이라서 사람들 가운데서 주뼛거리고 있는 게 좋습니다. 그래도 어딘가에 깨어 있는 정신을 가지고 기웃거리는 자신의 모습마저도 즐기자는 것, 그것이 구경꾼의 정신입니다. 온 몸으로 느끼되, 그 열기에 휩싸이지 않도록 해야만 구경꾼이 될 수 있습니다.

틀려도 좋지 않은가

이것은 자신을 높은 데, 안전한 곳에 두고 바라보는 것이 아닙니다. 오히려 위험한 소용돌이 속으로 뛰어들어 그런 세상의 한복판에서 덤덤해야 하는 것으로, 밖에서 봐서는 그럴 수 없습니다. 자신감 있는 태도로 패거리의 오만함을 덤덤하게 낮은 곳에서 바라보기 위해서는 소용돌이 밖으로 나가서는 안 됩니다.

그래서 나는 여러분이 세상에 무덤덤한 것을 그리 나쁘게 생각하지 않습니다. 그런다고 해서 세상을 등지는 것은 아닙니다. 무엇보다도 한 가지에만 휩쓸리지 않고 세상 이곳저곳의 분쟁에 뛰어들어 뭐든지 참견하는 것이 재미있습니다. 그것이 괜한 짓이라고 생각하지 않습니다. 쓸데없는 짓임을 알면서도 일부러 하는 것, 그것이 구경꾼의 마음가짐입니다.

덤덤히 있어도 괜찮습니다. 그대로 구경꾼으로서 당신의 인생을 즐기세요.

몰입의
즐거움

젊은 시절에 하나부터 열까지 관심을 가져야만 한다는 것은 아닙니다. 원래 관심 같은 것은 가지라고 해서 가져지는 것이 아니고, 가지지 말라고 해도 가지게 되는 것이니까요. '그래야 한다'는 생각을 갖지 말자는 것입니다.

게다가 젊은 만큼 관심이 치우치는 것도 당연합니다. 변덕스럽게 이런저런 것으로 눈을 돌려도 좋습니다. 그리고 그중 무언가에 몰입하는 경험은 매우 좋습니다. 흔히 이것을 두고 공부에 방해가 되는 것인 양 말하지만, 한때 무엇인가에 몰입한다는 것은 — 예컨대 입시에서조차도 — 집중하는 훈련입니다. 균형 있는 계획에 따르는 것보다 이런 경험을 가지는 것이 입시에도 상당히 힘이 됩니다.

그것은 반드시 지속되지 않아도 좋습니다. 쉽게 뜨거워졌다가 쉽게 식는 것을 보통은 나쁘게 말합니다. 내 동료 수학자들 중에도 의외로 그런 타입이 많지요. 어떤 문제가 떠오르면 무엇에 홀린 듯이 빠져듭니다. 그런데 조금 시간이 지나면 학을 뗀 듯이 완전히 잊어버립니다. 그래서 그것으로 끝인가 보다 했는데, 1년쯤 지나서 똑같은 문제를 눈에 불을 켜고 파고들기도 합니다.

특별히 진리를 탐구하겠다는 기세로 달려드는 것도 아닙니다. 돌연 홀린 듯 빠져 있는 자신을, 정신을 차리고 볼 때가 있습니다. 그러면 왜 이토록 열중해 있는지 자신이 바보처럼 느껴집니다. 그래도 멈추지 못하는 것이 열중하고 있을 때입니다. 무엇인가에 도움이 될 것이라는 목적을 가지고 몰두하는 것이 아닙니다. 목적이 정해져 있다면 그 목적에 적합한 정도로만 하면 됩니다. 결코 빠지지는 않습니다. '도움이 되든 말든, 목적 같은 것은 아무래도 좋다.' 이것이 몰입했을 때의 심경이지요.

그것이 별이든 벌레든 소설이든 음악이든 뭐든 좋습니다. 다들 하기에 자신도 하는 게 아닙니다. 의의가 있기에 하는 것도 아니지요. 여하튼 하게 되는 게 몰입이라는 것입니다. '의욕'이라는 말을 소리 높여 외쳐도 해낼 수 없지만, '하지 말라'고 말려도 해내고 맙니다.

집중할 만한 일이 없다고 말하는 사람도 있습니다. 특별히 무언가에 집중해야만 한다고 생각할 것도 없고 억지로 무언가를 찾을 것도 없습니다. 대개 몰입할 '의의'가 있다거나 몰입하면 '나중에 도움이 될 것'이라는 데 눈길이 가기에 어떤 것에도 빠져들지 못하는 것입니다.

몰입한다는 것은 굳이 말해 바보 같은 짓이지요. 흠뻑 빠져 있는 당사자는 그 사실을 알고도 남을 것입니다. '이런 것에 이토록 열중해 있다니 참 바보 같다'고 생각하면서도 멈출 수 없습니다. 얼마간 그런 부분이 있습니다. 타인이 보면, 아니 자기 자신이 볼 때조차도 조금 이상하다고 말할 정도입니다. 대의명분에 열광하지 않습니다. 친구들과 함께 열광하는 것도 내 성격에는 맞지 않습니다. 자기 혼자서 혹은 빠져 있는 친구가 적은 것에 몰입하는 게 좋습니다. 가치관 따위는 필요 없습니다. 숫자에 열중하는 것은 훌륭하고, 만화에 열중하는 것은 한심하다고 생각하지 않습니다. 가치와 상관없이, 손익 계산도 없이, 무언가에 몰입합니다. 그래서 좋지요.

중학생 시절은 억압받지 않고 무언가에 몰입할 수 있는 시기입니다. 그리고 수학자는 그런 중학생의 마음을 언제까지고 간직하고 있습니다. 아니, 누구든 얼마간은 그런 마음을 간직해도 좋을 것 같습니다. 때때로 그것을 취미라고 말하지요. 어른이 되어도 열중할 무언가를 가진 사람은 많습니다. 중학생이 그런 것을 가져도 나쁘지 않습니다.

틀려도 좋지 않은가

이것은 당신이 무덤덤한지 아닌지와 무관합니다. 덤덤해도 충분히 열중할 수 있습니다. 오히려 그러는 편이 낫지요. 몰입한 것에 이상한 이론을 갖다 붙여 정당화하는 일은 하지 않는 게 낫습니다.

'바보 같다고 생각하면서도 몰입한다', 그 점이 인간의 재미있는 점이지요.

틀려도
좋지 않은가

언제든 옳은 것만을 하려고 생각하면 아무것도 할 수 없습니다. 인간은 가급적 홀가분하게, 뭐든 해보는 게 좋지요.

그러나 중학생 무렵은 틀릴까 봐 두려워하는 시기입니다. 내게도 기억이 있는데, 가급적 옳은 것을 추구하려고 했습니다. 그래서 책에 쓰인 '옳은' 것을 모아 박식함을 경쟁하기도 했습니다. 옳은 것을 많이 아는 사람이 뛰어난 듯 보이기도 합니다. 하지만 사실 그런 건 그리 대단한 것이 아닙니다.

옳다고 알려진 것보다 옳은지 그른지 알 수 없는 것이 훨씬 더 많습니다. 어차피 언젠가는 옳은지 그른지도 모르는 것을 말하고,

옳은지 그른지 모르는 채로 행동해야 합니다. 옳다고 알려진 것에만 한정하고 애매한 영역을 피해 살아가는 인생은 좁아질 수밖에 없습니다.

과학의 수많은 진리도 과거 훌륭한 과학자가 단번에 알아낸 것처럼 책에 적혀 있지만, 그것은 어디까지나 한 측면일 뿐입니다. 훌륭한 과학자는 옳은 것의 몇 배만큼 틀린 것을 말했습니다. 옳은지 그른지 아직 명확하지 않은 채로 여러 논쟁을 벌였기에 그중에서 옳은 것만이 지금 남은 것입니다. 틀린 것을 말하는 사람이 없었다면 학문은 결코 발전하지 못했을 것입니다.

지금도 수학자들의 토론회에서는 다들 머릿속에 떠오른 것을 여과 없이 말합니다. 그러하기에 틀린 의견이 수없이 나오지요. 특히 우수한 사람일수록 자주 틀린 것을 말합니다. 태연히 틀린 것을 말할 만큼 그에게는 자신감이 있습니다. 틀리는 것이 두려운 것은 자신감이 없기 때문이지요.

'옳은 의견은 당당히 말하라.' 이 말이 참으로 기묘하게 들립니다. '옳다'고 명확히 아는 것이라면 일부러 의견을 말하고 토론할 필요도 없습니다. 옳은지 그른지 미심쩍은 것을 말할 때 토론할 가치가 있는 것이지요. 그리고 문화적 창조라는 것은 그런 데서밖에 나오지 않습니다. '옳다'고 정해진 것은 흥미롭지 않습니다.

어떠한 의견이 토론에 유효한지는 그것이 옳은지 그른지로 결정되는 것이 아니라, 그것이 토론을 발전시킬 수 있는지 없는지로 결정됩니다. 책에 쓰인 '옳은' 것을 아무리 나열해도 그것이 발전적이지 않다면 유효하지 않습니다. 터무니없는 의견이 토론에서는 매우 좋습니다. 가령 그 의견의 오류를 곧 알게 된다 해도 토론에 새로운 시각을 던져 주는 일이 간혹 있습니다. 흔한 옳은 의견보다 터무니없는 틀린 의견이 토론에는 유효합니다.

그러나 틀리는 것을 두려워하면 옳은 의견만을 찾게 됩니다. 옳은지 그른지 모르는 것을 말할 용기가 좀처럼 생기지 않지요. 이런 때에는 조금은 구경꾼 같은 마음으로, '틀려도 본전'이라는 가벼운 마음으로 말해 보는 것은 어떨까요? 그것이 틀렸다는 것을 곧 깨달았다고 해도 마음 쓸 필요는 없습니다. 만일 당신을 바보로 생각하는 사람이 있다면 '토론이 뭔지도 모르는 인간'이라며 도리어 무시해 버리세요.

실제로 나 자신도 여러 차례 틀린 적이 있고, 옳은 것과 그른 것이 뒤얽힌 가운데 살아온 사람이라서 타인의 잘못을 결코 우습게 보지 않습니다. 오류에서 배우고 오류 속에서 진리가 나온다는 것을 익히 알고 있기 때문이지요. 책에 있는 옳은 것과 '다르다'며 오류를 얕잡아보는 인간은 책 안에서밖에 옳은 것을 본 적이 없습니다.

덧붙여 말하면, 여러분의 선생님들도 늘 옳은 선생님보다 때때로 틀리는 선생님이 의외로 훌륭한 사람일 수 있습니다. 오류를 우

틀려도 좋지 않은가

습게 봐서는 안 됩니다.

그리고 세상에는 옳은지 그른지 결론이 내려지지 않은 것들이 많습니다. 그런 것에는 서둘러 결론을 내리지 않는 것이 좋지요. 그때 입을 다물고 행동을 삼가야 한다고는 생각하지 않습니다. 옳은지 그른지 아직 명확하지 않은 채로 의견을 말하는 것이 좋습니다. 물론 틀릴지도 모릅니다. 그러나 틀리면 다시 하면 되는 일입니다. 혹은 옳은 방향으로 궤도를 수정하면 됩니다.

처음부터 옳은 일만 하기보다 이렇듯 지그재그로 나아가는 것이 훨씬 좋습니다. 더욱이 젊을수록 수정할 여지가 많으니 틀려도 두려워하지 마세요.

옛날에는 또래 여자 아이들과 놀 기회가 없었습니다. 하지만 정월만큼은 좀 달랐지요.

그 무렵의 정월엔 어느 집이든 남녀를 합쳐 열 명쯤 모이면 가루타(일본의 카드 게임) 대회가 벌어졌습니다. 조금 시간이 지나면 다시 세 팀으로 나누어 다른 집으로 갑니다. 그곳에서 다시 열 명 정도가 모이면, 새로이 가루타 대회가 열립니다. 처음 만나는 여자 아이와 숨죽여 가루타 대회에 매진했습니다. 밤 12시가 넘도록 그렇게 가루타 대회를 이어갔습니다. 물론 끼니는 적당히 이 집 저 집에서 때웠습니다.

이 모습이 꽤 풍류를 즐기는 듯한 광경으로 보이지만 그렇지도 않습니다. 오로지 여자 아이에게 잘 보이려는 마음에서 섣달 그믐날에는 맹렬히 밤을 지새웠습니다. 수험 공부로 외운 영단어는 지금 거의 기억하는 게 없지만, 여자 아이들과 놀았던 백인일수百人一首(중세 일본에서 시인 100명의 노래를 한 수씩 모은 것)는 100수 중 98수는 떠올릴 수 있습니다. 역시 지망 학교에 들어가려는 열망보다 여자 아이에게 인기를 얻으려는 마음이 더 강했던 것이지요.

재능이나 재산, 경력 같은 것이 전혀 없어도,
바로 그 알몸의 자신이 다른 누구도 아닌 자기 드라마의 주인공임을
믿는 것이 진정한 자신감입니다.
그 어떤 장면이든 이 드라마는 훌륭합니다.
자신이 살아간다는 것은 다른 무엇보다도 멋진 일입니다.

6장.

느낌표를
잡아라

삶의 앞모습과 뒷모습

본심과
명분 사이

세상은 본심과 명분이 나뉘어져 있는 것을 두고 몹시 나쁘게 말합니다. 그러나 나는 본심만 있는 인간도, 명분만 있는 인간도 그다지 좋아하지 않습니다. 인간은 본심과 명분 사이를 오가면서 살아갑니다. 그 도량이 넓을수록 인간으로서의 깊이도 생깁니다. 인간은 그리 간단히 파악할 수 있는 존재가 아닙니다.

세상이 일제히 한 방향으로 나아가는 것은 매우 위험한 일입니다. 그 발길을 물리고 나아가는 것에 제동을 걸지 않으면 지옥까지 나아갑니다. 다들 나아가는 방향에서 등을 돌리고, 이 집단이 한 가지 색을 띠지 않도록 하는 것이 '돈키호테'에게 주어진 역할입니다.

그렇게 행동하는 사람이 있기에 세상의 움직임은 여러 방향으로 굴절하고, 한 가지 색만 띠지 않게 됩니다. 세상이 대의명분을 향해서만 나아간다면 인간 사회는 '맛'이 없어집니다.

그러나 세상에 완전히 등을 돌리는 것도 깊이 생각해 볼 일입니다. 그것 역시 너무도 단호합니다. 인간은 본래가 복잡한 존재이기에 단순히 결론짓고 성급히 포기하는 것도 좋다고 할 수 없습니다.

나는 돈키호테처럼 엉뚱함을 가진 채로, 그래도 밖으로 뛰쳐나가지 않는 것이 좋다고 생각합니다. 예를 들어, 학교가 시시하다며 미련 없이 밖으로 뛰쳐나가는 것이 아니라 우물쭈물 학교에 머물면서, 그렇다고 학교라는 제도를 그대로 긍정하지는 않는 그런 위치를 선택하는 것입니다.

한때 대학이라는 제도에 정나미가 떨어져 재야의 길을 선택한 사람도 있었지만, 그보다는 명분은 대학 교수이고 속마음은 재야에 있는 이중인격으로 살아가는 것, 마음이야 조금 불편하지만 그렇게 돈키호테처럼 살아가는 것이 좋습니다.

이것은 여러분이 중학생이라도 마찬가지입니다. 학교의 여러 제도 속에서 중학생으로 있는 것이 그저 만족스럽기만 한 것은 아니겠지요. 그 안에서 여러 가지 모순을 느끼거나 납득이 되지 않는 일도 있을 테지요. 억지로 모순을 없애려고 하거나 납득한 듯 있는 것보다 다소 엉뚱한 생각을 가지고 있는 게 자연스럽습니다. 좀 더 일반적으로 말하면, 인간이라는 것은 대개 자신이 처한 상태에 대해 다소 납득되지 않는 마음을 가지고 있습니다. 너무 서슴없이 긍정하는 것은 재미가 없지요.

그렇다고 하여 '이것은 모순이다', '납득이 되지 않는다'며 중학교를 그만둘 수도 없습니다. 실제로는 여러 가지 것을 고려하면 실행에 옮기기 어렵지만, 가령 실행이 용이하다고 해도 너무 간단히 결론을 내리는 것은 좋다고 할 수 없습니다. 대학생쯤 되면 학교를 그만두는 것이 더 쉬워집니다. 더 나아가서는 회사를 그만둘 것인지, 부부인 것을 그만둘 것인지 하는 문제도 있습니다. 그러한 것을 너무 간단히 결론 내리는 것은 생각해 볼 여지가 있습니다.

개인뿐 아니라 사람들이 모인 사회에서도 안팎으로 가르기보다는, 안쪽이 바깥 부분을 감싸 주는 것이 좋습니다. 돈키호테가 없는 사회, 엉뚱함이 없는 사람은 행동이 직선적이라서 너무도 위태로워 보입니다.

물론 이런 어중간한 상태는 조금 불편합니다. 따라서 무심코 본심만의 세계나 명분만의 세계를 추구하며 확실한 편에 서고자 합니다. 특히 중학생 무렵은 어중간하고 불안정한 것을 견디는 힘이 충분하지 않기에 어느 쪽으로든 자신을 납득시키려고 합니다.

하지만 지금과 같은 시기에 천천히 불안정에 대한 저항력을 키우는 것이 좋을 것입니다. 지금이 바로 인간적인 풍만함을 키울 시

틀려도 좋지 않은가

기입니다. 그런 마음으로 세상을 바라보면 약간의 엉뚱함도 의외로 신통하게 느껴질 것입니다.

온 힘을
다하는 게
좋을까

내가 중학생이던 때는 전쟁이 한창이었기 때문에 야산을 엄청 많이 걸어 다녔습니다. 그것도 무거운 총을 짊어지고서 말이지요. 그 시절 남자 아이는 자라서 군인이 되어야 했기에 전쟁터의 행군에서 뒤처지면 게릴라의 좋은 표적이 되어 목숨을 잃을 수도 있었습니다. 학교에서도 꼴찌 그룹은 무서운 배속 장교에게 혼쭐이 났습니다.

나는 타고난 약골이라서 사람들의 감언이설에 이끌려 온 힘을 다해 시키는 대로 했다가는 머지않아 지쳐서 뒤처질 것이 뻔했습니다. 그래서 내가 취한 방법은, 꼴찌에서 두 번째 그룹에 들어가는 것이었습니다. 표적이 될 가능성이 가장 많은 꼴찌 그룹보다는 조금

틀려도 좋지 않은가

편한 곳입니다.

그러나 꼴찌에서 두 번째라는 위치를 확보하기란 꽤 어려운 일입니다. 언제 꼴찌 그룹으로 뒤처질지 모릅니다. 그때마다 곧 그것을 알아차리고 바로 앞 그룹에 끼어들어 꼴찌에서 벗어나지 않으면 안 됩니다. 늘 꼴찌에서 두 번째라는 위치를 유지하면 마지막까지 살아남을 가능성도 있습니다.

그런 이유 때문에 언제든 앞 그룹으로 치고 올라갈 만큼의 여력은 남겨 둬야 합니다. 그리고 그때 필요한 힘을 키우기 위해 교관이 없는 곳에서 혼자 야산을 걸으며 충분히 땀을 흘렸습니다. '힘껏 노력했다'는 기분을 만끽하지 못하고서는 남몰래 힘을 키울 수 없습니다. 그러나 배속 장교가 보는 앞에서는 결코 노력하지 않도록 주의를 기울였습니다. 무심코 그들 앞에서 노력하는 모습을 보이면 '좀 더 열심히 하라'는 말을 들을 게 뻔합니다. 따라서 여력을 남겨 두지 못해 무너질 위험이 있습니다. 그렇다면 꼴찌에서 두 번째 위치를 지킬 수 없습니다. 타인의 눈에 보이는 것보다 조금은 많이 자신의 실력을 숨기는 것이 비결입니다.

사실 공부도 그런 방식이 좋습니다. 평소 학교 시험에서 시험 점수를 자신의 실력보다 조금 낮게 받아 두면 만일의 경우가 생겼을 때, 예컨대 입시 같은 때에 강해질 수 있습니다. 실력을 백퍼센트 발휘하지 않았으니 필요하다면 언제든 더 좋은 점수를 받을 수 있다는 사실에 자신감을 가질 수 있습니다.

한편 언제든 온 힘을 다하여, 자신이 할 수 있는 최선을 다했다는 말은 믿기가 힘듭니다. 물론 그런 식으로 자신의 능력을 발휘하는 사람도 있을지 모르지만, 나는 그랬다가는 무너지고 말 것입니다. 결코 무너지지 않는 강한 사람도 있을 테지만 그런 사람만 있는 것은 아니니까요.

그래서 나는 대다수의 경우 '언제나 온 힘을 다하여 자신이 할 수 있는 최선의 노력을 했다'는 것은 거짓이 아닐까 생각합니다. '노력만이라도 인정해 주세요'라고 핑계를 대는 것이 아닐까요? 생각처럼 잘 되지 않았을 때 자신은 온 힘을 다하여 할 수 있는 만큼 했다며 자신을 납득시키고 싶은 것이 아닐까요?

적어도 나는 그처럼 언제나 온 힘을 다하자는 것은 생각조차 하지 못합니다. 설령 지금까지 최선을 다했다 해도 앞으로도 계속 그런 식으로 살아갈 수는 없습니다. 때로는 게으름을 피우며 여력을 비축하면서 나아가지 않으면 신체적으로 도저히 견딜 수 없습니다.

그렇기에 무슨 일이든 '일류'를 지향하는 것도 성격에 맞지 않습니다. '일류'를 좇아서 무언가에 기를 쓰는 느낌은 거북합니다. 따라서 학교 시험에서도 1등은 가급적 다른 사람에게 넘겨주는 것이 좋습니다. 결국 나는 1보다는 2를 좋아하는 것인지도 모릅니다. 예술의 세계에서도 진짜로 실력이 있는 것은 톱스타보다는 이류 쪽인 경우가 많습니다.

온 힘을 다하여 노력하는 것처럼 보이면 어느 정도는 타인이 인정해 주는 면도 있을지 모릅니다. 그러나 그런 '가짜 노력'을 타인에게 인정받으려 하는 가운데 자신이 차츰 사라질 것 같아서 겁납니다. 자신의 저력을 남겨 두려고 한다면, 그렇게 늘 온 힘을 다하여 살아갈 수는 없지 않을까요?

돈키호테들의
연대

내가 대학에 들어갔을 무렵에는 젊은 연구자들이 모이던 어스름한 방이 있었습니다. 그곳에는 터줏대감 같은 할머니가 있었고, 선생님이 학생이던 시절의 일화를 이야기해 주거나 차를 내어 주기도 했습니다. 신입생에게는 조금 황송한 장소였지만, 나는 그 할머니에게 교토의 특산물을 가져가는 등, 그 방으로 놀러 다녔습니다. 대학에 들어와 가장 먼저 한 일은 교수님의 눈도장을 받는 것이 아니라 이 할머니의 환심을 사는 일이었습니다.

또한 사무실 창구에는 중년의 무서운 아주머니가 있었습니다. 그래서 자주 학생들과 옥신각신 문제를 일으키고 서류 처리에 트집을 잡고는 했습니다. 이 사람과 친해지는 데는 역시 반년 정도의 시간이 걸렸지만, 이윽고 미비한 서류 정도쯤은 나서서 챙겨 주게 되었습니다. 그런 대우를 받는 학생은 나 혼자라서 다들 신기하게 생각했습니다. 이것은 나의 학생 시절 자랑거리이기도 합니다.

그런데 요즘 대학생을 보고 있으면, 오로지 교수만 바라보고 연구실에 있는 선배나 관리실 아저씨와 친하게 지내려는 마음이 없는 것 같습니다. 대의명분의 세계에서 학생이 접촉하는 이는 교수일지 모르지만, 그런 제도를 지탱해 주는 여러 사람과 친해 두는 것이 생활하는 데도 편리한 점이 많을 텐데 그런 데는 신경이 미치지 않습니다.

세상의 여러 제도에서 공적인 책임을 지는 기관은 대개 상위에 있습니다. 그러나 그런 제도를 지탱하는 하위에도 여러 사람이 있습니다. 그 사람들과 사적으로 친해지면 삶의 폭이 훨씬 넓어집니다. 으스대는 사람은 상위의 사람하고만 교섭하고자 합니다. 상위의 사람들과 잘 지내는 것도 나쁠 리는 없지요. 그러나 순조롭게 살아가기 위해서는 하위에 있는 사람들과 친밀해져야 합니다.

내가 어릴 적에는 지금보다도 훨씬 사적인 영역이 넓었습니다. 예컨대 중학생 무렵에는 지하철 개찰원 아저씨와 친밀함을 쌓아 정기권 기한이 다 되었어도 너그러이 넘어가 준 적이 몇 번 있습니다. 대의명분의 세계에서 이것은 온당한 일이 아닙니다. 특히 친밀하다는 이유로 특별히 너그러이 봐주는 것은 공평하지도 평등하지도 않습니다. 그러나 모든 것이 공정하고 평등한 사회보다는 그런 친밀함이 융통성을 발휘할 여지가 있는 사회가 살아가기는 쉽습니다. 사회적인 제도의 공정이나 평등의 이면에서 사적으로 친밀한 영역을 넓혀 두는 것이 세상을 사는 지혜이기도 합니다.

옛날에는 정부에 불만을 말할 수 없었기 때문에 사람들은 사적인 영역에서 변통해 왔습니다. 그랬던 것이 요즘은 직접 정부를 향해 불평, 불만을 말합니다. 그것은 좋은 일이지만, 사적으로 주고받는 관계도 그 나름으로 소중히 여겼으면 합니다. 이것은 대의명분이라는 관점에서 보면 뻔뻔한 방식임에 틀림없습니다. 그러나 환심을, 위에 있는 사람이 아닌 아래에 있는 사람에게서 삽니다. 이 점에 주의를 기울이기를 바랍니다. 권한이 있는 사람이 아닌, 권위가 없는 아래에 있는 사람들끼리 연대합니다. 그러는 동안에 연대라는 번지르르한 구호가 친밀함으로 변해 갑니다.

학교에서는 그러한 여지가 그다지 많지 않을지 모릅니다. 사회에서도 그런 부분이 줄어들었습니다. 옛날에는 식당에서 일하는 누나와 친해지면 밥도 수북하게 내어 주곤 했는데, 최근에는 그런 것까지 공평하고 평등하게 되어 버렸습니다.

하지만 그렇다고 해서 오직 명분의 세계에서 위만을 바라봐서는 곤란합니다. 여러분이 장차 엘리트 사원이 되었을 때, 상사의 눈에

틀려도 좋지 않은가

들려고 하기보다 아래에 있는 사람들에게 얻는 인기를 소중히 여기길 바랍니다. 높은 지위에 올랐을 때 미용실 원장보다 그 아래서 일하는 여성과 친해지길 바랍니다.

앞으로 사회인이 되어 사회제도 속에서 일하다 보면 여러 입장에 놓이게 될 것입니다. 그래도 자신 안에 돈키호테 같은 엉뚱한 부분을 가지고 있으면 대의명분을 넘어 누구와도 연대할 수 있습니다.

독서는
느낌으로

만화, 음악, 영화 등에 심취하는 요즘 젊은 사람을 '감성 세대'라고 말합니다. 내가 어릴 적에는 텔레비전도 없었고 오로지 활자로 이루어진 시대였습니다. 그래서 지금도 활자중독의 경향이 있어 무턱대고 책을 읽습니다.

본디 '만화나 텔레비전은 나쁘고, 책을 읽는 것은 좋다'는 식으로 생각하지 않습니다. 오히려 독서가 좋다는 식으로 지나치게 강조한 탓에 책을 읽지 않게 된 것은 아닐까 생각도 해봅니다. 나는 옛날에 쓸데없는 책만 읽는다고 꾸중을 들으면서도 읽었습니다. 만화도 학교에서 읽으라고 추천하고 감상문을 쓰고 그것이 점수가 되면 싫어

틀려도 좋지 않은가

지는 법입니다. 책은 좀 더 가벼운 마음으로 읽는 게 좋습니다. 만화나 텔레비전을 보듯이, 그런 가벼운 마음으로 읽는 게 좋습니다.

내가 어릴 적에는 많은 책을 읽으면 훌륭하다고 생각했고, 자신이 읽은 책의 내용을 암기했다가 타인에게 자랑하듯 들려주었는데, 이윽고 그런 게 시시하게 여겨졌습니다. 무엇보다 그런 것에 마음을 빼앗기면 많은 책을 읽지 못합니다.

그래서 요즘은 꽤 많은 책을 읽지만 내용은 그리 기억하지 않습니다. 책 제목도 잊어버려서 한 번 사서 읽은 책을 얼마 뒤에 다시산 적도 있습니다. 그래서 전혀 도움이 되지 않는가 하면 그렇지도 않지요. 책을 읽을 때는 머리를 움직여 생각하니 어느 정도는 머릿속에 자연히 흡수됩니다. 기억하려고 애쓰지 않으면 머릿속에 남지 않는 내용이라면 어차피 잊어버려도 상관없습니다. 마치 음악을 듣는 기분으로 요즘은 책을 읽고 있습니다.

이미 완전히 습관이 되어 버려서 그것은 마치 매일 먹는 끼니와 같습니다. 잠시 나도 모르게 책에 쓰인 것에 매달리면 소화불량이 되어 버립니다. 그저 읽고서 자연히 소화기관에서 흡수되는 것만이 자신의 양식이 됩니다. 자신의 머리가 흡수하려는 것만이 자신의 것이 됩니다. 그래서 전부 흡수하자는 생각은 하지 않게 되었습니다.

그런 마음가짐이라면 어떤 책이든 나름으로 즐길 수 있습니다. 나는 중학생도 '중학생에게 어울리는 책'만을 읽지 않는 것이 좋다고 생각합니다. 자신의 분수에 맞지 않는 것에 몰입하는 것이 젊음이라는 것이니까요. 한껏 뒤꿈치를 들고 어른이 읽는 책에 손을 뻗어도 상관없습니다. 반대로, 그림책 같은 것을 중학생이 되어서 읽는다면 또 다른 종류의 즐거움을 맛볼 수 있습니다.

저자가 말하려는 것을 분명히 파악하지 않으면 저자에게 실례라고 생각하는 사람도 있지만, 그렇지 않지요. 책이라는 것은 그저 자신이 맛있게 먹으면 되는 것으로, 자신이 씹어서 먹기 어려운 곳은 피해 좋은 부분만을 머릿속에 넣으면 그것이 영양이 됩니다.

그래서 나는 '사귀듯이' 책을 읽습니다. 카페에서 커피를 마시면서 저자와 이야기를 나누듯이 책을 읽지요. 잠시 만나는 정도로 저자의 모든 것을 이해할 리 없지만, 직접 만나는 것이기에 어느 정도는 마음이 전해져 한때의 만남을 즐길 수 있습니다. 마르크스도 사르트르도 그렇게 만나 사귀어 왔습니다. 한 잔의 커피를 마시는 정도이기에 상대를 꽤 오해했을지도 모르지만, 나 나름으로 그들의 맨얼굴을 느끼며 그 커피타임을 즐겼습니다.

음악 애호가는 어떨지 모르지만, 대개는 바흐나 모차르트를 들을 때 그것을 기억하려고 하지 않습니다. 책도 그렇습니다. 글자 하나, 문구 하나 암기하지 않아도 독서하는 시간이 당신에게 충실한 시간이 된다면 훗날 아무것도 남지 않아도 좋지 않을까요. 사실 내용이나 제목은 잊어도 그때 자연히 흡수된 것들은 머릿속 영양이 되어 있습니다. 게다가 영양만을 생각하면 식사도 즐겁지 않지요. 맛있는 것이 최고입니다. 감성 세대라면 책도 느낌으로 읽자고요.

자신의 즐거움을 위해 써보세요

오로지 책을 읽기만 하는 것이 아니라 스스로 무언가를 써보는 것이 좋습니다. 이야기를 듣기만 해서는 너무 수동적입니다. 이것도 가벼운 마음으로 해보는 것이 좋습니다. 무엇보다 자신을 위해서 '좋은' 문장을 써보는 것은 즐거움이지요.

'쓸 내용이 없어서 글을 쓸 수 없다'는 말은 왠지 앞뒤가 뒤바뀐 것 같습니다. 대개 쓰는 동안에 내용이 완성되는 법이거든요. 써보면 '아, 나는 이런 것을 생각하려고 했구나!' 하고 생각이 분명해집니다. 어쩌면 그것은 본래 생각했던 것과는 다른 것일지도 모르지만, 그런 건 상관없습니다. 쓰는 것으로 완성된 것, 그것이 지금 자신의 생각입니다.

생각하고 나서 쓴다기보다, 쓰는 것으로 생각한다고 할 수 있습니다. 그것은 자기 혼자만의 일 같지만 마치 거울 앞에서 포즈를 취하는 것과 비슷합니다. 다소는 자신을 꾸미고 있는 것인지도 모릅니다. 그것은 '진정한 내가 아니다'라며 신경 쓸 필요도 없습니다. 어쩌면 거짓일지도 모르는 자신의 모습에 둘러싸이고서야 비로소 자신이라는 것이 태어납니다. 그것이 표현이라는 것이지요.

'있는 그대로를 솔직하게'라니, 너무 과한 것이 아닐까요. '있는 그대로'라고 하지만 이미 자신의 마음에서 부풀려진 이미지들은 현실의 '있는 그대로'와는 다르지요. 약간의 거짓말은 있는 게 당연합니다. 약간의 교만이 없다면 문장 같은 것을 써도 재미는 없습니다. 그것이 자신만을 위한 문장일지라도 자신이 재미있기 위해서는 거짓과 교만을 없애고 '있는 그대로' 솔직할 수만은 없습니다.

문장이란 무엇보다 자신의 마음에 들도록 쓰는 것인데, 막상 쓰고 나면 타인에게 보이고 싶어집니다. 자신을 표현한다는 것은 타인을 향하여 표현하는 것이기에 잠재적으로는 타인의 눈을 의식합니다. 특히 그것을 읽는 누군가의 얼굴을 상상하는 것만으로 펜에 신바람을 불어넣습니다. 그렇다면 부끄러워하지 말고 타인에게 보여 주는 게 좋습니다.

그러나 기본적으로는 자기가 마음에 들도록 쓰는 것이 좋습니다. 처음부터 타인의 눈을 지나치게 의식하면 학교에 제출하는 리포트처럼 되어 버립니다. 타인에게 보이는 것과 별개로, 자신을 표현하는 것은 자신을 위한 일입니다. 비록 그것을 보고 타인이 감탄하지 않아도 그 문장이 자신의 마음에 드는 게 우선입니다.

물론 자신을 표현하는 것으로는 문장이 아닌 음악이나 미술 같은 여러 방법이 있습니다. 요즘 중학생은 문장에 일러스트를 그려 넣는 솜씨가 나 어릴 적보다 훨씬 뛰어납니다. 다만 언어라는 것은

틀려도 좋지 않은가

자신의 틀을 잡아 가는 데 매우 도움이 됩니다. 특별히 글로 쓰지 않고 이야기로 하는 것도 좋지만, 문장으로 써보면 그것을 눈으로 볼 수도 있어 즐거움이 더 커집니다. 이런 즐거움은 학교의 작문 시간이나 숙제로 제출하는 리포트에서는 맛볼 수 없습니다. 가급적 사적인 영역에서 즐거움을 위해 글을 써보는 데서 시작해 보세요.

때로는 타인의 문장을 흉내 내는 것도 좋지만, 정해진 양식에 틀어박혀 있으면 재미가 없습니다. 타인의 문장을 흉내 낼 때는 그 사람이 된 양 일종의 연극놀이로서 해보는 거지요.

다소 시간이 있다면 영어 공부를 겸하여 짤막한 동화나 짧은 콩트를 여름방학 동안에 번역해 보는 것은 어떨까요? 느긋하게 시간을 들여 사전을 찾으면서 쉬운 문장으로 번역한다면 중학생이라도 충분히 할 수 있습니다. 학교 시험이 아니기 때문에 자신이 좋은 문장으로 써보는 것이 가장 좋습니다. 조금 문법에 어긋나도 상관없습니다. 그래도 그 과정을 통해 영어에 대한 자신감을 키울 수 있습니다.

어렵기는 하지만 팝송에 직접 번안 가사를 붙여 볼 수도 있습니다. 곡에 맞춰서 원 가사의 느낌에 맞춰서 자신이 만든 가사로 팝송을 불러 보는 것은 매우 기분 좋은 경험입니다. 생각처럼 잘 되지 않았어도 '내 노래'라는 생각이 들 테니 고생한 보람은 있을 것입니다. 여하튼 언어는 무엇보다도 자신이 즐기기 위하여 존재하는 것입니다.

수다쟁이의
즐거움

나는 평론집보다는 대담집을 좋아합니다. 나의 책도 평론집보다는 대담집이 더 마음에 듭니다. 그런데 출판사에 물으니 대담보다는 평론이 잘 팔린다고 합니다. 강연에서도 두서없이 말하는 것보다는 강의처럼 들려주는 쪽이 평판이 좋습니다. 그런데 이것이 왠지 마음에 걸립니다. 독서나 강연에서 너무 '학습'을 기대하는 것은 아닐까요? 이야기가 아니라 원고지에 쓴 것을 더 훌륭하다고 착각하는 게 아닐까요?

분명 이야기로 하면 충분히 형식을 취하지 못한 채로 발상이 흘러넘칩니다. 그러나 그런 흘러넘치는 것을 주워 담는 것이 바로 수

틀려도 좋지 않은가

다의 즐거움입니다. 문장으로 적고 형식을 만드는 것과는 반대의 즐거움이 거기에 있지요. 두 사람 이상이 모이면 이야기는 어긋나기도 하고, 그러다가도 다시 생각이 일치하기도 합니다. 언어를 통해서 서로의 생각이 어우러지는데, 그 점이 흥미롭습니다. 실제로 대담이나 좌담회에서도 한 사람의 독무대가 시작되면 갑자기 흥미가 사라집니다. 짧게 대화를 주고받는 것이 스릴이 있어 좋습니다.

언어라는 것이 정확히 무언가를 전달하기 위해서만 존재한다고는 생각하지 않습니다. 그럴 때 언어의 재미는 점차 옅어집니다. 쓸데없는 것들도 미처 생각지 못한 의미가 있고, 그것이 전해지는 동안에 뜻하지 않은 것이 탄생하기도 합니다. 그것이 언어의 재미일 것입니다.

수다는 정말로 이상합니다. 수학의 토론장에서조차 그런 일이 벌어집니다. 잘 모르는 사람끼리 '이런 것일까? 저런 것일까?'라며 토론하고 있노라면 어느 순간 두 사람이 동시에 "앗!" 하고 이해하게 되는 일이 있기도 합니다. 한쪽이 이해하고 가르치려고 하면 이런 일은 일어나지 않습니다. 오히려 모르는 사람끼리 이야기를 나누는 게 좋습니다.

수학에서조차 그러하기에 일상적인 대화가 되면 좀 더 여러 가지로 이상한 일이 일어나지요. 감성의 시대일수록 이런 수다의 흥미로움에 제일 먼저 끌릴 것 같은데, 어찌 된 영문인지 학습 위주로만 생각하려는 경향이 강한 것 같습니다.

언어도 '코'로 맡을 수 있습니다. 생각의 힌트를 말끔하게 정리된 논설이 아닌 언어의 쓰레기통에서 줍는 것과 같습니다. 그 점에서 나는 돼지를 존경합니다. 그는 쓰레기통에 살면서도 흙 속에 있는 버섯까지 알아차릴 수 있기 때문입니다. 수학은 맛도 향도 없는 그저 수식만이 있을 것 같지만, 그 속에서 향기를 알아내는 것이 중요하지요. 그런 점에서 수학을 오래도록 공부해도 여전히 '코'가 나쁜 학생이 많아졌다고 요즘 대학 교수들은 한탄하기도 합니다. 만화나 음악에 감각을 모조리 써버린 것일까요?

이런 '코'가 예민해지는 시기가 역시 중학생 무렵입니다. 공부도, 입시조차도 코가 예민한 것이 단연코 유리합니다. 공부를 지루하게 생각하면 앞으로 나아가는 데 불리합니다.

그렇다고 특별히 어렵게 생각하지 않아도 됩니다. 수다의 즐거움을 깊이 음미할 마음만 있다면 충분합니다. 전체적인 분위기를 즐기는 재미뿐 아니라 언어의 작은 뉘앙스까지 주의를 기울여 음미하면 즐거움은 더욱 커집니다.

정확한 표현을 바르게 사용하는 것이 언어를 소중히 여기는 것이라고 생각하지 않습니다. 때로는 애매하게, 때로 사람을 배신하고 때로는 오해하고, 그리고 어느 사이엔가 무언가를 말하게 되는 그런 언어의 재미를 맛보는 것입니다.

이렇게 생각하면 언어라는 것은 사람에게서 나오면서 그 사람에게서 벗어나 존재하고, 때로는 언어를 말한 사람까지도 배반하고 움직이는 모습이 마치 사람의 마음과 비슷한 데가 있습니다.

수다를 즐기고 그 언어를 소중히 여기는 사람은 인간을 즐기고 인간을 소중히 여깁니다. 수다를 좋아하는 것은 인간을 좋아하는 것이라고, 수다를 좋아하는 나는 생각합니다.

전쟁을 모르는
당신에게

내가 중학생이던 무렵에 전쟁이 벌어졌습니다. 그때 상황을 여러분에게 전하기는 매우 어렵습니다. 일단 나도 거지반 잊어버렸습니다. 지금 흔히 생각하는 '패전의 비참함'이라는 세간의 상식은 훗날 덧입혀진 것입니다. 적어도 당시는 비참하다는 생각은 눈곱만큼도 할 수 없을 만큼 메마른 시대였지요.

게다가 전쟁 속에서도 사람마다 느끼고 생각하는 방식은 제각기 다릅니다. 어쩌면 나의 방식이 남다른 것일지도 모릅니다. 다만 전쟁의 열기로 모두가 들떠 있었다면 그것은 거짓말입니다. 어린아이까지 눈을 부릅뜨고 전쟁에 매진했다는 것도 거짓말입니다. 대다수 사람은 빈둥거리며 전쟁 따위는 아무래도 좋다고 생각했습니다. 어째서 그런 사실은 전해지지 않았을까요? 오히려 그것이 마음에 걸립니다. '착한 아이'의 역사만이 역사는 아니지요.

나는 전쟁이 벌어지던 시대보다는 전쟁이 끝난 이후의 시대를 이야기하고 싶습니다. 한 시대가 끝나고 어른들은 자신감을 잃었습니다. 그래서 아이들에게는 무엇이든 개방되었던 시대였습니다. 지금 우리는 '아버지의 부재'를 이야기합니다. '아버지'라는 것은 '사회'를 보여주는 존재로, 그것을 뛰어넘는 것으로 아이는 어른이 되어 갑니다. '아버지의 부재'라는 것은 사회가 어떠해야 하는지, 그 확고한 모습이 없어졌음을 의미하는 것이기도 합니다.

그래서 지금 사회는 분명한 모습이 보이지 않습니다. 뛰어넘어야 할 '아버지'가 없습니다. 있는 것은 오직 관리, 규칙 같은 것입니다. 그러나 존재하지 않는 '아버지'를 좇는 것도 위험한 일이지요. '아버지'가 없는 시대, 그런 전후의 시대를 살아온 나로서는 그런 '아버지' 따위 없어도 잘 살아왔습니다. 이 말의 뜻이 여러분에게 잘 전해질지는 걱정이지만, 그래도 전하고 싶습니다.

분명 그것은 전쟁이라는 거대한 환상이 사라진 탓에 뻥 뚫린 공백일지 모릅니다. 지금과 달리 몹시 난폭한 시대이기도 했습니다. 여름이면 길바닥에서 잠을 자도 괜찮았습니다. 하루쯤 공복으로 지내기도 했습니다. 무슨 옷을 입든 좋았습니다. 요컨대 뭐든 아무래도 좋았습니다. 이미 나이를 먹어 지금 시대를 살고 있기에 그 시대를 다시 살아 낼 자신은 없습니다. 하지만 그 시절 내가 청춘이었던 탓인지 그때가 몹시 그립습니다. 아무것도 없을 자유, 그것이 그 시대였습니다.

개인적으로는 공습이 쏟아지는 가운데 황급히 도망쳤던 때조차도 '패전의 비참함' 같은 것은 없었습니다. 일단 내가 직접적인 피해를 입은 적이 없습니다. 그래서인지 전쟁의 비참함에 대하여 이야기할 때는 조금 주춤거리게 됩니다. 전쟁으로 목숨을 잃은 사람도 있지만, 패전이 확정되면서 나는 목숨을 건질 수 있었습니다. 히로시마나 나가사키 시민들의 죽음과 맞바꿔 전쟁이 끝났고, 나는 살아남을 수 있었습니다. 나는 개인적으로 원자폭탄으로 인한 어떤 피해도 입지 않았습니다. 오히려 죽은 자들을 대신하여 지금 살아 있습니다.

전쟁은 사망자를 만듦으로써 생존자를 남깁니다. 그리고 살아남은 나로서는 자신의 삶을 통해 죽은 자를 떠올리고 복잡한 심정이 됩니다. 이때의 사망자에는 한국인이나 중국인, 인도네시아인은 물론 미국인, 러시아인까지 포함됩니다.

내가 말하고 싶은 것은 전쟁의 비참함이 아니라, 죽은 자들로 인해 우리가 살아남았다는 것입니다. 그러나 그것조차도 당시 실감했는지는 분명하지 않습니다. 자신의 삶과 죽음조차도 불확실하던 시대, 타인의 죽음과 삶을 생각할 여유조차도 그리 없었습니다. 그런

틀려도 좋지 않은가

시대가 묘하게 애처로이 느껴집니다.

　전후 우리가 누린 자유에도 죽은 사람들의 그림자가 드리워져 있습니다. 그래도 눈물을 흘리지는 않았습니다. 그래서 나는 눈물로 전쟁을 말할 수 없습니다. 당시 나는 어린아이였기에 내 손으로 직접 사람을 죽이지는 않았지만, 전쟁에는 남을 죽이고 내가 살았다는 마음이 있습니다.

폭력에
정의는 없다

내가 전쟁을 싫어하는 것은 겁쟁이였기 때문일지도 모릅니다만, 체질적으로 전쟁이 싫었습니다. 대단한 '반전反戰 의식'이 있어서가 아니라 체질적으로 뿌리 깊은 반감이 있습니다. 그래서 전쟁 자체보다는 전쟁을 하는 집단인 군대가 더 싫었습니다. 이것은 체질적인 것이기에 국적이나 이데올로기를 불문합니다. 제국주의 군대든 인민해방군이든 군대란 군대는 다 싫습니다.

이런 말을 하면 '정의로운 전쟁'이나 '정의로운 군대'도 있다고 생각할지 모릅니다. 분명 역사를 조금 살펴보면 대개의 전쟁은 어느 정도는 '정의로운 전쟁'이고 대개의 군대는 어느 정도는 '정의로운

틀려도 좋지 않은가

군대'였다는 것을 알 수 있습니다. 역사는 이런 것을 알기 위해 있지요. 그리고 전쟁이 가장 폭력적이었던 것은 '정의'의 이름으로 행해졌을 때라는 것도 알 수 있습니다. 인간은 자신에게 '정의'가 있다고 생각할 때 안심하고 폭력을 휘두르는 법이니까요.

그래서 나는 '정의'의 이름으로 자행되는 폭력을 참을 수 없습니다. 적어도 폭력을 사용할 때는 정의의 이름으로 하지 않기를 바랍니다. 나는 겁쟁이라 도저히 그렇게 하지 못하지만, 이론적인 언쟁에서 밀리고 납득하지 못했을 때 분한 마음에 주먹을 날리기도 합니다. '대의명분'이 없는 만큼 폭력으로 해결하려고 합니다. 그래도 '대의명분'이 없다는 것을 분명히 자각하는 경우는 그나마 낫습니다. 대의명분을 가지고 폭력을 휘두르는 것은 참을 수 없습니다.

그런 이유로 텔레비전 드라마에서 형사가 범인에게 폭력을 휘두르는 모습은 몹시 무섭습니다. 기껏해야 텔레비전 드라마이지만, 이왕이면 폭력을 휘두르는 것은 범인이었으면 합니다. '폭력단'이 폭력을 쓴다면 이것은 어쩌면 당연한 일입니다. 따라서 미국의 갱스터 영화에서 갱들이 폭력을 휘두르는 것에 불평할 마음은 없습니다. 그런데 만일 주인공이 '착한 사람'이고 범인은 '나쁜 사람'이어서 '착한 사람'이 '나쁜 사람'에게 폭력을 휘둘러도 어쩔 수 없다는 식이면 매우 곤란합니다. 폭력이라는 것은 대의명분상 '나쁜 사람'이 '착한 사람'에게 사용하는 것입니다.

폭력에 정의는 필요 없습니다. 오히려 해가 됩니다. 최대의 폭력인 전쟁도 그렇지요. '성전聖戰'보다는 조직폭력단의 영역 다툼이 훨씬 기분 좋습니다. 살인을 장사하는 것이 군대이므로, 가급적이면 '평화를 위한' 것이라거나 '정의를 위한' 것이라는 말은 하지 않았으면 좋겠습니다. 내가 어릴 적의 군대도 그런 말을 했지만, 그것이 거짓말이기 때문에 나쁘다는 것이 아닙니다. 거짓인지 참인지 알 수도 없고, 참인 쪽이 더 곤란합니다.

군대가 행진할 때 온몸에 끈끈한 피가 묻은 전투복을 두르고 있다면 그나마 낫습니다. 멋지게 차려입은 군복이라니, 정말 질색입니다. 오히려 끈끈한 피가 묻은 누더기 같은 전투복이 낫지요. 규율이 바로 선 '정의로운 군대'라는 느낌이 없는 만큼 그나마 낫습니다.

내 또래 사람 가운데는 멋진 군복을 동경하는 사람도 많았습니다. 특별히 그것을 군국주의라고 말할 생각은 없습니다. 제복을 좋아하는 어른이 너무 많아서 그 때문에 군복을 좋아하는 아이들이 생기는 것도 어쩔 수 없는 일일 것입니다. 하지만 적어도 교복이나 군복이라는 것은 늠름하고 단정하게 입을 것이 아니라 어느 정도는 틀을 깨고 조금 거칠게 입어 보기를 바랍니다.

조폭다운 조폭이 눈앞에서 협박해 오면 당해 낼 수 없지만, 그래도 멀리서 보는 것은 아무렇지 않습니다. 그야말로 영화나 드라마를 보듯 즐기면 됩니다. 그러나 정의로운 조폭이 알고 봤더니 형사

틀려도 좋지 않은가

나 군인이라면 참을 수 없습니다. 그것이 사회 정의를 위한 것이거나 세계 평화를 위한 것이라는 대의명분으로 무장하면 당해 낼 재간이 없습니다.

전쟁을 끔찍이 싫어하는 나로서는 여러분이 폭력을 휘두르는 것이 너무도 슬픕니다. 그러나 적어도 폭력을 사용할 때는 정의만큼은 말하지 마세요. 대의명분 같은 것을 만들지 마세요. 폭력을 쓰는 것은 대의명분이 없을 때만으로 한정하기를 바랍니다. 교사라는 '명분'으로 휘두르는 폭력도 그렇지만 상급생이라는 '명분'으로 휘두르는 폭력은 말할 가치도 없습니다.

민주주의란
건방진 것

내가 느끼기에 민주주의란 건방져지는 것입니다. 전쟁이 끝나고 분명 다들 주제넘게 건방져졌습니다. 어린아이 주제에 어른에게 불평했습니다. 학생인 주제에 교사에게 대들었습니다. 하급생인 주제에 상급생을 놀렸습니다.

전시에는 군대의 습관이 세상에 영향을 미쳤기에 신분을 구분하지 않는 것은 나쁜 일이었습니다. 병사가 상관에게 반항하는 것은 절대 금물이었지요. 에도 시대의 장사꾼이 무사의 심기를 거스르면 안 되는 것처럼 말입니다.

전후 미군의 모습 중에서 가장 좋았던 것은, 상관에게도 '헤이,

틀려도 좋지 않은가

조'라며 서로 스스럼없이 이야기하는 모습이었습니다. 인간관계에 신분 따위는 필요 없습니다. 그런데 미국의 풍속 중 개인적으로 가장 마음에 드는 이러한 점만이 널리 퍼지지 않았습니다. 그것은 왜일까요?

신분 질서를 넘어서 누구나 건방질 수 있는 것, 그것이 민주주의라고 생각합니다. 하급생인 주제에 상급생에게 불평하는 게 아니라, 하급생이기에 그 입장에서 상급생에게 불평하는 것이지요. 자신이 상급생이 된 이후에는 불평해도 아무 소용이 없으니까요.

인간은 어떤 신분이든, 어떤 입장이든, 자신의 의견을 말할 권리가 있고 자신을 다스릴 책임이 있습니다. 그것이 민주라는 것이지요. 그것을 부정하는 것은 어떤 형태든 차별입니다. 자유에 대한 억압입니다. '성적이 나쁜 주제에 쓸데없는 책은 읽지 마라'거나 '수업도 듣지 않는 주제에 쓸데없는 생각은 하지 마라'는 말은 나도 들었지만, 이때엔 '주제에'가 아니라 '그렇기 때문에'라고 바꿔서 말해야 할 것입니다. 그리고 민주를 억압하는 것이 바로 '건방지다'는 말입니다. '○○한 주제에 건방지게 굴지 마라'는 말을 늘 듣습니다. 하지만 민주주의란 건방져지는 것입니다.

유독 마음에 걸리는 것은, 학교 질서에서 불거져 나온, 약간 불량스러운 그룹에서 오히려 상하 관계가 시끄럽다는 것입니다. 모처럼 질서에서 불거져 나오고선 상하 질서쯤 흐트러뜨리지 않는다면 불량스럽게 행동한 보람도 없겠지요.

옛날에는 여러 연령대의 아이들이 모였기 때문에 상급생도 놀이 친구였습니다. 그런데 요즘은 또래 연령끼리만 모이기에 '상급생'이 추상적인 '신분'이 되어 버린 것인지도 모릅니다. 하지만 동아리처럼 상급생과 하급생이 교류하는 곳에서도 위아래의 '신분'이 강해지는 것은 참으로 이상합니다. 최근 10년 동안 그런 경향이 꽤 강해졌습니다. 내가 어릴 적과 비교해도 그런 상하 관계는 지금이 훨씬 강합니다. 이것은 왜일까요?

2, 3년 앞서 태어나면 당연히 위 학년이 되는데 그게 뭐 대단한 일인가요. 내가 학교에 다닐 때도 특별히 상급생을 존경하지 않았던 것은 아닙니다. 그러나 상급생이라는 '신분' 때문은 아니었습니다. 그들은 대개 많은 것을 알고 있어서 배울 점도 많았기에 그만큼 존경했습니다. 요즘은 배울 점도 적어지고 명분도 없기에 오히려 '신분'이 활개를 치는 것인지도 모릅니다. 하지만 그보다는 친구가 되는 게 서로에게 이득입니다.

풍요와
결핍

나의 중학교 동급생 중에 돈이 많은 부잣집 아이가 있었습니다. 그런데 그 친구의 집이 파산하여 갑자기 굉장히 가난해진 적이 있습니다. 지금까지 큰 집에서 살았는데 갑자기 단칸방에서 살아야 했고, 아르바이트를 하지 않으면 매일의 끼니도 해결할 수 없었습니다.

그런데 속마음까지는 알 수 없지만, 그 친구는 가난해진 생활에 태연했습니다. 아마 그 친구는 그때까지 가난으로 어려움을 겪은 적이 없었을 것입니다. 이처럼 절대적인 빈부의 차이보다, 거기서 비롯된 분한 마음이 있는지 없는지가 가난에서는 문제입니다.

나의 경우는 그 친구처럼 부자도 아니고, 그렇다고 가난을 고통으로 느낄 정도는 아닌, 그럭저럭 일본에 흔히 있는 '중산층 의식' 속에서 성장했습니다. 그래서 가난으로 인해 분하고 억울한 마음은 상상으로밖에 이야기할 수 없습니다. 전후 절대적인 빈곤은 꽤 경험했지만, 그 무렵 일본은 모두가 가난한 시대였기에 아무것도 없어도 그다지 마음 쓰지 않았습니다.

지금도 물론 빈곤에 대하여 분하게 생각하는 사람은 있지만, 전쟁 이전과 비교하면 상당히 많은 가정이 '중산층 의식'을 가지게 되었습니다. 그래서 이 문제에 대한 의식도 달라지고 있습니다. 실제로 일본은 풍요로워졌습니다. 학생들의 친목회에 참석해 봐도 옛날보다 훨씬 풍요로워졌습니다.

지금도 '돈만 있으면 뭐든 할 수 있다'며 무작정 돈을 원하는 사람은 많습니다. 여하튼 한 번이라도 돈이 없어서 고통 받은 적이 있다면 그리 되기 쉽지요. 옛날에는 많은 사람이 그런 생각을 가졌기 때문에 지금도 나이 든 어른 중에는 여전히 그런 생각을 하는 사람이 있습니다. 여러분도 그런 어른들의 영향으로 비슷한 생각을 가지고 있을지 모릅니다. 하지만 그런 생각이 과연 오래갈 수 있을까요? 일하고 돈을 모아도 '공허하다'는 마음이 이윽고 생겨나지 않을까요? 이미 일부 젊은이들 사이에는 그런 마음이 확산되어 가고 있습니다.

그리고 지구 전체를 생각하면 '보다 풍요롭게'라는 방향으로 나

틀려도 좋지 않은가

아가는 흐름에 제동이 걸려 있습니다. 지구상의 사람이 모두 풍요로 워질 만큼 지구는 풍요롭지 않기 때문입니다. 이것은 조금 새로운 국면입니다. 이것은 '인간의 미래를 어떻게 생각하는가'라는 문제와 관련되어 있습니다.

식량 증산을 위해 삼림을 개척하고 농지를 늘리면 삼림이 파괴 되고 홍수가 일어나기도 합니다. 홍수가 일어나지 않도록 하천을 정 비하면 물이 너무 흘러가서 강이 죽어 버립니다. 무엇보다 숲이 적 어지는 만큼 지구 전체적으로는 산소가 적어지고 탄소가스가 증가 합니다. 농업도 생업 이상의 활동은 자연을 파괴합니다.

그런데 '풍요로움'을 위한 에너지 투하가 증가하고 있습니다. 현 재의 에너지원을 대량으로 사용하면 공해의 근원이 되고 자원도 고 갈됩니다. 새로운 친환경 에너지가 개발되면 좋을 것 같지만, 그러 면 지구의 개조 속도가 더욱 빨라져 위험이 커질지도 모릅니다.

이런 문제들을 지금은 절대적인 한계로 인식하기 시작했고, 지 구 전체적으로 인간이 더 이상 풍요로워지는 것에 제동이 걸려 있습 니다. 물론 제3세계에서 빈곤의 아픔을 느끼는 사람들은 '보다 풍요 롭게'를 무엇보다 열망할 것입니다. 나라마다 처한 환경이 다르겠지 만 세계적인 규모에서 '풍요로움에 대한 의문'이 대두되기 시작했습 니다. 이것은 한 사람, 한 사람의 삶과 관련된 큰 문제입니다.

지금까지 여러 가지 그리움을 담아서 나의 중학생 시절을 다뤘을지 모릅니다. 그러나 그 시절은 지금보다 훨씬 가난했습니다. 여름에는 더 무더웠고, 겨울은 더 추웠습니다. 난방도 제대로 없었기 때문에 손이 곱아서 노트를 할 수가 없었던 적도 있습니다. 여름밤은 조금 선선했지만, 책상 주변으로 수많은 벌레가 날아와 모기에 물려 매번 가려웠습니다.

그러나 나로서는 여름은 덥고 겨울은 춥고, 그리고 벌레에 물리는 생활이 사실 좋았습니다. 그렇다 해도 지금은 나의 몸이 그 생활을 견디지 못할 것입니다. 방문을 닫고 에어컨을 켜는, 자연에서 동떨어진 생활에 이미 익숙해져 버렸기 때문이지요.

대학도 불과 20년 전에는 어둑한 목조 교실이 대부분이었습니다. 연구실도 몇 명이 함께 사용하고, 석탄 난로로 얼굴을 더럽히면서 토론을 벌였습니다. 복사기도 없어서 논문을 읽고 노트를 했습니다. 굉장히 불편했지요.

지금 콘크리트 건물에 있는 교실은 매우 밝습니다. 스스로 힘들게 공부하기보다 누군가에게 묻거나 무언가를 읽으면서 필요한 정보를 얻습니다. 무엇이든 복사하고 쌓아 둡니다. 매우 편리해졌지만 '맛'은 없습니다. 옛날 초가지붕에 풍경이 달린 방에서 대학원생이 머리를 모아 생각하던 시절과는 무척이나 다른 모습입니다. 대학의 캠퍼스는 미국의 묘지 같습니다. 묘지라도 요괴나 드라큘라가 나올 것 같은 정취 있는 묘지가 아니라, 잔디 위에 샌드위치라도 펼쳐 놓을 것 같은 그런 분위기입니다.

그래도 옛날로 돌아가 지금보다 불편해지려고 해도 이미 그럴 수는 없습니다. 일단 풍요로워진 이상 과거의 '빈곤'을 추구할 리 없을 테니까요. 콘크리트 건물에 살면 이미 기울어진 목조 교실로 돌아갈 수는 없습니다. 길이 진흙탕일 때는 아스팔트 도로를 동경했습니다. 그리고 길에 흙이 보이지 않게 되자 흙냄새가 그리워집니다. 나 스스로도 어쩔 수 없는 일입니다. 그래도 일단 길이 아스팔트로 덮이면 흙길로는 돌아갈 수 없습니다.

과거로 돌아가는 것은 불가능합니다. 풍요로워지면 가난을 원하지 않고, 편리해지면 불편을 바라지 않습니다. 나도 옛날에는 편리하고 쾌적한 생활을 추구했습니다. 그런데 지금 그것을 부정하고 불편한 과거를 그리워하다니 참으로 모순되는 이야기입니다. 지금 여러분에게는 당연한 생활을 나는 '너무 편리하다'고 느끼지만, 나 역시도 그런 편리한 생활을 누리고 있다는 것은 틀림없는 사실입니다.

여러분은 좀 더 편리하고, 좀 더 쾌적하고, 좀 더 풍요로운 생활을 여전히 동경할지 모릅니다. 적어도 옛날의 불편하고 가난한 시대의 이야기를 들어도 아무것도 느끼지 못하겠지요. 물론 나 역시 '옛날이 좋았다'고 말할 생각은 없고 옛날로 돌아갈 수도 없습니다. 다만 더 이상 억지로 쾌적함을 추구하고 싶지는 않습니다. 그렇게 말하면서도 더우면 에어컨을 원하고, 걸어가도 될 거리를 택시를 타고 갑니다. 그때의 굴절된 마음, 그것을 여러분이 알 수 있을까요? 풍요로움을 추구하면서 불현듯 양심의 가책을 받는 것, 그것이 지금 시대의 풍요로움을 누리는 인간의 모습입니다.

　여하튼 나는 시건방진 데가 있어서 상급생이나 교사와는 티격태격 했습니다.

　이웃 학교와의 시합에 응원을 갔다가 상대편 선수의 멋진 플레이를 보고 완전히 팬이 되어 버렸습니다. 처음에는 숨겼지만 멋진 플레이에 무심코 흥분하여 응원하는 내 모습을 응원단 형님이 매서운 눈으로 노려보았습니다.

　교사 중에 간혹 학생에게 난폭하게 굴며 괴롭히는 사람이 있기도 했습니다. 전쟁 중이어서인지 난폭한 교사는 곧 폭력을 휘둘렀는데 그때 노련한 언쟁에 끌어들여 "선생님, 설마 중학생을 상대로 한 언쟁에서 졌다고 폭력을 쓰시는 건가요?"라며 쐐기를 박았습니다. 이 타이밍이 중요하고도 꽤 어렵습니다.

　좀 더 모험을 하면 "이대로는 끝이 나지 않을 것 같으니 교무실이나 교장실로 가서 다른 선생님들 앞에서 계속해 볼까요?"라고 도발합니다. 진짜로 가게 되면 나 또한 꼬리표가 붙으니 꽤 위험한 일이지만, 상대에게 약점이 있으면 그 정도에서 끝이 납니다.

　그러나 지금 생각해 보면 나는 꽤 밉살맞은, 전혀 귀염성이라고는 없는 중학생이었습니다. 여러분은 이런 중학생은 되지 마세요.

당신 자신의
드라마

살아가는 동안 즐거운 일이 있기도 하고 분한 일이 있기도 합니다. 그것들이 뒤섞여서 인생을 만듭니다. 그것은 하나의 드라마이지요.

이 드라마에서 주인공은 당신뿐입니다. 어느 누구도 대역이 되어 줄 수 없습니다. 그리고 얼핏 시시한 장면에서조차 이 드라마의 주인공은 당신이지, 화려하게 꾸민 타인이 아닙니다. 당신만이 드라마의 주인공입니다.

무엇보다 이 드라마에는 해피엔딩이 없습니다. 죽음이 드라마를 중단시킵니다. 그래도 살아 있는 한, 이 드라마를 계속하여 지켜보는 관객 역시 당신뿐입니다. 그러니 살아 있는 동안 자기 자신의 드라마를 즐겨야 하지 않을까요? 대단한 파란이 없어도 때로는 비참한 기분이 들지만, 그것이 당신의 드라마입니다.

때로 관객의 입장이 되는 것도 좋지요. 비참한 기분이 되었을 때 관객이 되어 보면 마음이 밝아지기도 합니다. 비참해진 자신을 애처롭게 여기고 자신의 처지에 눈물 짓는 것 또한 좋지요. 그런 눈물이 다음 무대로 자신을 이끌어 줍니다.

무엇인가에 정색을 하게 되었을 때, 자기 자신을 바라보는 관객의 눈을 가지는 것도 재미있습니다. '조금 웃기는군!' 하며 자신을 바라보는 것도 나쁘지 않습니다. 특히 꺼려지는 일이 있을 때는 자신을 드라마 속에서 바라보면 도움이 됩니다. 꺼려지는 일이라도 바라보는 입장에서는 그것을 즐길 수도 있습니다. 때로는 자신의 상대 조연이 되어 연기해도 좋습니다. 즐거운 일도 분한 일도, 웃는 것도 우는 것도 연기할 때는 그리 주춤거리지 않습니다. 인생을 연기하듯 대하는 정신은 매우 좋습니다.

그러나 이것이 당신만의 드라마이기 위해서는 연기자가 되든 관객이 되든 도중에 내던져서는 안 됩니다. 늘 당신의 드라마에 대하여 성실할 것, 그것이 최선입니다. 인간은 어떤 때라도 자신에 대해서만큼은 성실해야 합니다.

사실 태어난 순간부터 이 드라마는 시작되었지만, 그것이 당신 고유의 드라마라는 것을 깨닫는 때는 대부분 중학생 정도의 연령부터일 것입니다. 무대에는 위험한 무대 장치가 있기도 하고 연극의 줄거리가 꼬이기도 하는데, 그것들이 당신의 드라마를 위해 준비된 것이라고 생각하게 되는 것도 그 연령대입니다.

여기서 어떤 순간도 타인이 주인공이라고 생각해서는 안 됩니다. 당신의 드라마에서 당신 이외의 타인은 주인공이 될 수 없습니다. 당신의 인생을 살아가는 것은 당신밖에 없으니까요. 따라서 당신의 인생은 당신에게만, 멋집니다. 즉 당신에게 멋진 것은 당신이 만들어 가는 인생뿐이고, 타인에게 의지하는 인생은 아닙니다. 당신만이 이 인생을 살아갈 수 있습니다.

당신의 드라마에서 타인들은 모두 조연입니다. 라이벌 역할을 맡은 사람들도 당신의 드라마를 완성시키기 위해 봉사하고 있습니다. 어떤 장소든 당신이 충분히 연기할 수 있도록 준비된 무대입니다. 이 드라마에서는 모두가 당신을 위해 존재합니다.

당신 자신 외에도 타인이라는 관객이 있을지 모르지만, 그들은 스쳐 지나갑니다. 누구보다도 자신이라는 관객을 위하여 만족할 만한 연기를 보여 주어야만 합니다. 타인이 박수를 치든 휘파람을 불든, 당신에게 중요한 관객은 오직 당신 자신입니다. 타인을 만족시키기보다 당신 자신을 만족시키는 것이 중요합니다. 어떤 순간이라도 자신이라는 관객이 보고 있다는 것만큼은 잊지 않는 게 좋습니다.

그리고 이 드라마가 다른 누구도 아닌, 자신만을 위해 준비되었

틀려도 좋지 않은가

다는 점을 중시하기를 바랍니다. 그보다 중요한 일을 나는 떠올릴 수 없습니다. 그런 자신의 소중함을 믿는 것이 자신감입니다. 재능이나 재산, 경력 같은 것이 전혀 없어도, 바로 그 알몸의 자신이 다른 누구도 아닌 자기 드라마의 주인공임을 믿는 것이 진정한 자신감입니다. 그리고 누구든 자신만큼은 믿을 수 있습니다.

자신에게 이 드라마는 훌륭합니다. 누구에게든 어떤 장면이든 자신이 살아간다는 것은 다른 무엇보다도 멋진 일입니다. 그것이 인간이 살아간다는 것입니다.

인간이라는 재미있는 생물

다만 이 드라마는 자기 혼자서 연기할 수 있는 것은 아닙니다. 각기 다른 여러 인간들 사이에서밖에 드라마는 성립하지 않습니다. 여기서 인간이라는 것이 여러 얼굴을 가지고, 다양한 마음을 가지는 점이 드라마에 풍성함을 가져옵니다. 만일 인간이 모두 같은 얼굴을 하고 같은 마음을 가진다면 세상은 굉장히 지루할 것입니다.

인간의 얼굴은 모두 제각기 다르고, 마음도 제각기 다릅니다. 누구든 당신과 같은 마음을 가지지 않습니다. 타인이 자신과 다른 의견을 가지는 것은 당연한 일입니다. 그것이 재미있는 부분입니다. 물론 인간으로서 공통된 부분은 있습니다. 그것은 표면적인 의견의 일치를 말하는 것이 아니라 마음 밑바닥의, 뭐랄까 인간의 외로움을 공유하는 것입니다. 그런 마음 밑바닥에서 교감을 나누는 것, 그것이 인간 세계의 친절일 것입니다. 나는 그것이 매우 중요하다고 생각합니다.

그러나 표면적으로 인간은 모두 다릅니다. 그것이 재미있는 부분이지요. 내가 좋다고 생각하는 것을 타인은 그렇게 생각하지 않거나, 내게는 조금도 좋다고 생각되지 않는 것을 타인은 마음에 쏙 들어합니다. 사람마다 다양한 생각이 있습니다. 그것이 무척이나 좋습니다. 나는 자신이 무엇보다 소중하다고 생각하는데, 그 자신을 위해서는 타인이 필요하기에 타인 역시 매우 소중히 생각합니다. 자신과 의견이 다르거나 기호가 다른 타인이 많아서 너무도 고맙습니다.

뭐니 뭐니 해도 인간만큼 재미있는 것도 없습니다. 그래서 나는 인간이 너무 좋습니다. 휴머니즘이나 인류애 같은 딱딱한 말을 할 필요 없이 나는 인간이 좋습니다. '인간이 싫다'고 말하는 사람이 없는 것은 아닙니다. 하지만 그것도 사실 인간을 좋아하기 때문에 나온 표현이 아닐까요. 그래서 누구든 인간을 좋아한다고 생각합니다. 미운 사람이 있을 수는 있습니다. 그러나 잘 생각해 보면 그 미운 점이 애교로 느껴집니다. 여하튼 나는 인간을 미워할 수 없습니다. 물론 때로는 '증오' 같은 감정을 가지기도 하지만, 그 역시 나의 드라마에 없어서는 안 되는 등장인물이기에 좋습니다.

누구든 인간이기에 좋습니다. 아마 나는 모자란 인간인 게 분명

틀려도 좋지 않은가

합니다. 낙천적이라고 해도 인간 모두가 선인善人이라고는 생각하지 않습니다. 그러기는커녕, 선인 따위는 없다고 생각합니다. 인간 모두 절반은 선인이고 절반은 악인으로, 그것이 여러 가지로 표출되는 것이 재미있습니다.

이런 재미있는 인간들을 좋아하지 않을 수 없습니다. 인류애보다는 인간의 재미있는 점을 즐기자는 것이 먼저일 것입니다. 하지만 상대가 심각해질 때는 그것에 맞춰 주는 것이 예의입니다. 때로는 같이 심각해지는 것이 자신에게도 좋습니다. 그리고 재미를 위해서 자신을 다른 사람들보다 높은 곳에 두는 것만큼은 해서는 안 됩니다. 혼자서 높은 곳에 서서 이런저런 인간을 얕잡아보면 인간의 진정한 재미를 알 리 없습니다. 같은 수준에 있기 때문에 재미를 느낄 수 있는 것이지요. 혹은 좀 더 낮은 데까지 가서 친절을 공유함으로써 인간 세상의 재미를 더합니다.

인간이 여러 가지 지위를 차지하게 되는 것은 어쩔 수 없지만, 그 지위가 가지는 입장에서 바라보면 인간을 진심으로 즐길 수 없습니다. 자신의 입장을 버리고 바라보는 편이 그 재미를 이해할 수 있습니다. 인간은 모두 같지만, 한 사람 한 사람은 다릅니다. 참으로 재미있는 생물입니다.

답 없는
문제

지금까지 때때로 꽤 어려운 문제를 생각해 봤습니다. 인간이란 무엇인가, 사람은 왜 살아가는가 하는 문제입니다. 여기에는 학교 시험과 달리 정답이 없습니다. 때로 언어로 결론처럼 단언하기도 하지만, 나는 그런 것에 명확한 해답은 가지고 있지 않습니다.

나의 의견에 어느 부분에서는 반발할지도 모릅니다. 당연한 일입니다. 나도 여러분이 내 말을 하나부터 열까지 고스란히 받아들여 준다면 오히려 기분이 나쁠 겁니다. 나의 의견과 다른 생각을 여러분은 가져야 합니다.

나는 대학 교수이고 나이도 먹었습니다. 내게도 중학생 시절은 있었지만, 그것은 아주 먼 과거의 일입니다. 그래도 어떻게든 당신과 나란히 서서 이야기하고 싶었습니다. 나이 먹은 대학 교수의 위엄을 가지고 무언가를 말하는 것은 성격에도 맞지 않습니다.

나는 대학에서도 교수의 위엄 같은 것보다 몸을 낮추고 학생과 함께하는 것을 좋아합니다. 이런 것을 학생에게 아첨하고 아부한다고 비난하는 사람도 있지만, 나는 상관없습니다. '몸을 낮춘다'고 했지만 교수는 학생에 대하여 권력자입니다. 권력자는 권위를 가지기보다 상대에게 아첨하는 것이 낫습니다. '위'에 아부하는 것은 이상하지만, '아래'에는 아부할 수 있습니다.

무엇보다 나는 중학생의 입장에 설 수 없다는 것을 잘 압니다. 언제든 '상대의 입장'이 될 수 있다고 말하는 사람이 있지만 그것은 우쭐대는 것일 뿐입니다. 어른은 아이의 입장에 설 수 없고, 교사는 학생의 입장에 설 수 없습니다. 그래서 중학생에 대한 여러 가지 문제에 답을 제시하는 것은 중학생인 당신 자신입니다. 어른들의 답이나 친구들 사이의 여러 가지 답 가운데서 당신 자신의 답을 선택해야 합니다.

단 이 문제에 정답은 없습니다. 답이라도 중학생은 중학생 때의 답을, 어른이 되었다면 어른으로서의 답을 찾아야 합니다. 평생에 걸쳐서 답을 찾아야 합니다. 답이 없는 문제라니 시시하다는 생각은 하지 마세요. 인간에게 중요한 문제는 대개 답을 가지지 않습니다.

답이 있는 것처럼 생각하거나 어떤 결론을 자신의 '답'으로 정해 버리면 안 됩니다. '정답'을 믿고 안심해 버린다면 곤란합니다.

나도 내 생각을 때로는 단언하듯이 말하지만 상당히 불안합니다. 고민하면서 흔들리면서, 답하는 마음이 있습니다. 그래서 때때로 생각이 동요하거나 모순되기도 할 것입니다. 인간이 인간에 대한 문제를 생각하고 답한다는 게 그런 것이지요. 그래도 끊임없이 묻고 끊임없이 답하는 수밖에 없습니다. 인간에게 중요한 문제는 대개 그러한 것이지요.

여기서 말한 것들은 내가 지금까지 반세기를 살아오며 찾은 답이지만, 앞으로도 여전히 답을 찾고 그것을 근거로 행동할 것입니다. 여러분에게는 앞으로 충분한 시간이 있습니다. 자신의 답을 계속하여 찾는 것이 여러분이 살아가는 일이기도 합니다. 따라서 나와 여러분의 의견이 어긋나는 것도 당연합니다. 당신과 다른 의견을 가진 한 사람으로서 나를 당신의 드라마에 추가하면 그만입니다.

여하튼 나의 책은 이것으로 마치려고 합니다. 당신은 이 책을 읽었습니다. 앞으로 당신 자신에 대하여 무엇을 생각해 갈지는 당신의 몫입니다. 거기에 답은 없을 것입니다. 그렇기에 매우 중요한 문제입니다.

틀려도 좋지 않은가

아우름 21

틀려도
좋지 않은가

1판 1쇄 발행 2017년 5월 31일
1판 2쇄 발행 2018년 5월 25일

지은이 모리 츠요시
옮긴이 박재현
펴낸이 김성구

단행본부 류현수 김민기
저작권 이은정
디자인 홍석훈 문인순
제 작 신태섭
마케팅 최윤호 송영호 유지혜
관 리 노신영

펴낸곳 (주)샘터사
등 록 2001년 10월 15일 제1-2923호
주 소 서울시 종로구 창경궁로35길 26 2층 (03076)
전 화 02-763-8965(단행본부) 02-763-8966(영업마케팅부)
팩 스 02-3672-1873 **이메일** book@isamtoh.com **홈페이지** www.isamtoh.com

한국어 판권 ⓒ (주)샘터사, 2017, Printed in Korea.

ISBN 978-89-464-2060-1 04190
ISBN 978-89-464-1885-1 04080(세트)

이 도서의 국립중앙도서관 출판시도서목록(CIP)은 e-CIP 홈페이지
(http://www.nl.go.kr/cip.php)에서 이용하실 수 있습니다. (CIP제어번호: CIP2017012240)

값은 뒤표지에 있습니다.
잘못 만들어진 책은 구입처에서 교환해 드립니다.